Idole der 50er Jahre

Engel und Sünderinnen
Idole der 50er Jahre

Maria Callas, Hildegard Knef, Françoise Sagan u.a.

Herausgegen von Brigitte Ebersbach

edition ebersbach

Bibliografische Information der Deutschen Bibliothek
Die Deutsche Bibliothek verzeichnet diese Publikation in der
Deutschen Nationalbibliografie; detaillierte bibliografische Daten
sind im Internet über http://dnb.ddb.de abrufbar.

1. Auflage 2006
© edition ebersbach
Horstweg 34, 14059 Berlin
www.edition-ebersbach.de

Umschlaggestaltung: Kerstin Grundhöffer, Berlin
Satz: Verlag Die Werkstatt, Göttingen
Druck und Bindung: Westermann Druck, Zwickau
Alle Rechte vorbehalten
ISBN 3-938740-22-1

Inhalt

Einleitung 7

Simone de Beauvoir – Wegbereiterin des anderen Geschlechts 17
Nathalie Hillmanns

Françoise Sagan – Charmantes Biest 41
Susanne Nadolny

Marlen Haushofer – Schriftstellerin und Hausfrau 63
Jutta Rosenkranz

Ingeborg Bachmann – Diva und Denkerin 83
Unda Hörner

Coco Chanel – Die Self-made-woman 99
Gertrud Lehnert

Marilyn Monroe – Unschuldiges Sexsymbol 119
Barbara Sichtermann

Maria Callas – Betrogene Bühnengöttin 137
Gunna Wendt

Edith Piaf – Chaotische Königin des Chansons 159
Jutta Rosenkranz

Audrey Hephurn – Tochter mit Eigensinn 179
Barbara Sichtermann

Hildegard Knef – Heilige Sünderin 201
Corinna Weidner

Anhang 224
Bildnachweis 229
Autorinnen 230

Einleitung

Als der Zweite Weltkrieg zu Ende ist, türmen sich in den zerbombten deutschen Städten allein 400 Millionen Kubikmeter Schutt und Asche. Die Trümmerfrauen räumen die Altlasten der Diktatur beiseite, eine harte und gefährliche Knochenarbeit, die mit wenig Geld, aber zusätzlichen Lebensmittelrationen belohnt wird. Die Frauen schuften Tag und Nacht, schleppen Granitbrocken und Stahlträger, schaufeln Tonnen von Steinen auf Pferdekarren, die sie dann auch noch selber ziehen,

Mitte der fünfziger Jahre ist die Aufräumarbeit getan. Die Deutschen sind wieder wer: Weltmeister und Wunderkinder. Doch die Frauen bleiben außen vor, im Fußball wie in der Wirtschaft. Als 1954 nach der gewonnenen Weltmeisterschaft die ersten Damenteams beim Deutschen Fußball-Bund (DFB) um Aufnahme in den Verband bitten, holen sie sich eine deutliche Abfuhr. Diese Art von Schwerstarbeit geht den Herren Funktionären entschieden zu weit. Nach reiflicher Überlegung lehnen sie den Antrag der Frauen ab. Schlimmer noch, die Bildung von Damenteams wird untersagt, Zuwiderhandlung unter Strafe gestellt. Die fünfziger Jahre hatten mit Frauen anderes im Sinn.

Wie wir heute wissen, ließen sich die weiblichen Kicker von dieser Art Gegenwehr nicht entmutigen. Die Gründerjahre der Bundesrepublik gaben Frauen kaum eine Chance. Und ausgerechnet diese Zeit empfahl die erste deutsche Bundeskanzlerin ihren Landsleuten zur Nachahmung, als sie in ihrer Regierungserklärung im November 2005 »zweite Gründerjahre« beschwor? Manch eine Zuhörerin mag da kurz zusammengezuckt sein.

In der schönen neuen Welt des Wohlstands und der materiellen Zufriedenheit kommt den Frauen die Aufgabe zu, der Familie ein trautes Heim zu schaffen. Man richtet sich neu ein. Mit Nierentisch und Tütenlampe, Häkeldeckchen und röhrendem Hirsch, einem bequemen Sessel für ihn und einer chromblitzenden Küchenmaschine für sie. Die Regale der Lebensmittelgeschäfte sind inzwischen gut gefüllt. »Darf's ein bisschen mehr sein?«, fragt die Verkäuferin und keiner sagt nein. Es gibt Buttercremetorte und Toast Hawai, Käse-Igel und Fleischsalat, Eierlikör und Kullerpfirsich. Die Auswahl ist groß, zumindest für die, die es sich leisten können, aber das sind die meisten, denn es herrscht Vollbeschäftigung. Nur für Männer, aber das versteht sich von selbst. Herren in grauem Flanell bevölkern die Chefetagen, derweil adrett frisierte und perfekt geschminkte Damen mit Pumps und Bleistiftrock ein scheinbar erotisches Verhältnis zu ihren supermodernen Einbauküchen pflegen. So jedenfalls will es die zeitgenössische Werbung, die damals noch Reklame heißt.

Die Idylle ist allgegenwärtig. Unterhaltungsfilme haben Hochkonjunktur, das Bedürfnis nach Harmonie ist riesengroß und Kitsch und Pomp scheinen bestens geeignet, dunkle Erinnerungen und Probleme der Gegenwart zu verdrängen. Das *Schwarzwaldmädel* verheißt Liebesglück vor landschaftlicher Idylle, Sissi wird Kaiserin, die Heide ist grün und der Schlager rot, zumindest Rosen, Lippen und Wein – und natürlich die Sonne, die bei Capri im Meer versinkt.

Alles hat wieder seine Ordnung. Das Ganze nennt man Restauration. Und Etikette, denn feste Regeln stehen in der Postnazi-Gesellschaft hoch im Kurs. »Es war die Sehnsucht nach einer naturgegebenen, gottgegebenen Ordnung, die Sehnsucht nach Schranken nach einer schrankenlosen Zeit, die Sehnsucht nach rüttelfesten Hierarchien nach Zeiten des Drunter und Drüber«, schreibt Hellmuth Karasek in seiner Biographie der fünfziger Jahre *Go West!*. Die Leidtragenden waren die Frauen. Hatten sie während der Abwesenheit ihrer Männer, die in den Krieg gezogen und oft erst nach Jahren aus der Gefangenschaft zurückgekehrt waren, zu Hause ganz selbstverständlich »ihren Mann gestanden«, so verwies die Familienpolitik der Adenauer-Zeit sie schleunigst wieder an den Herd und beeilte sich, das angekratzte Patriarchat wiederherzustellen. Die einschlägigen Gazetten taten ein Übriges, der »guten Ehefrau« zu vermitteln, was man von ihr erwartete. Die abendliche Heimkehr ihres erschöpften Mannes, so machte man ihnen weis, sei der Höhepunkt ihres Tages, auf den es sich ausgiebig vorzubereiten galt. Ein köstliches Abendessen steht bereit, kein Haushaltsgerät verschandelt die piccobello aufgeräumte Wohnung, wo die Kinder Vati mit frisch gewaschenen Händchen artig begrüßen. »Seien Sie fröhlich, machen Sie sich interessant für ihn! Er braucht vielleicht ein wenig Aufmunterung nach einem ermüdenden Tag und es gehört zu Ihren Pflichten, dafür zu sorgen«, empfahl die britische Zeitschrift *Housekeeping Monthly* ihren Leserinnen in der Ausgabe vom 13. Mai 1955 und meinte es ernst. »Verwöhne IHN! Opfere dich auf – ER ist der Chef!«

So grotesk der Beitrag aus heutiger Sicht erscheint, so wenig ist den Frauen damals zum Lachen zumute. Noch steht dem Mann das Recht zu, in sämtlichen Fragen des gemeinschaftlichen ehelichen Lebens allein zu bestimmen. Mit der Eheschließung überlässt die Frau ihrem Gatten automatisch ihr Vermögen zur »Nutznießung«. Will sie ein Konto eröffnen oder einer Berufstätigkeit nachgehen, benötigt sie die Zustimmung ihres Mannes. Kommt sie ihren häuslichen Pflichten nicht »in gebührendem Maße« nach, kann er ohne ihr Einverständnis ihren Arbeitsvertrag kündigen. Erst 1957 verabschiedet der Bundestag ein Gesetz über die Gleichberechtigung von Mann und Frau, und es dauert noch bis 1980, bis z.B. das Recht des Vaters auf das »letzte Wort« in strittigen Erziehungsfragen endgültig aus dem Gesetz gestrichen wird.

Empfängnisverhütung ist tabu, auf Ehebruch und Homosexualität steht Gefängnis, Scheidungsrichter klären die Frage der Schuld. Wenigstens das Wahlrecht haben die deutschen Frauen bereits erringen können, und das sogar schon im Jahr 1918, was selbst die französischen Frauen erst 1945 schafften und den Schweizerinnen gar bis 1971 verwehrt blieb. Frauen in gut bezahlten Männerberufen oder in wichtigen Regierungsämtern? Fehlanzeige. »Der Weiblichkeitswahn«, schrieb Betty Friedan in ihrem gleichnamigen Buch über diese Zeit, »hat es geschafft, Millionen von Frauen lebendig zu begraben«.

Frauen, die sich der verordneten Idylle entziehen und aus der Welt der Pflichten zwischen Kindern, Küche und Kirche ausbrechen, sind in den fünfziger Jahren die Ausnahme. Und doch gibt es sie, die weiblichen Vorbilder, die für ein neues Lebensgefühl stehen und deswegen zu Idolen einer ganzen Generation wurden. Denn die fünfziger Jahre hatten sehr wohl noch eine andere Seite. »Die Jahre zwischen 1950 und 1960 bestanden nicht nur aus Restauration, Prüderie und Langeweile, sondern waren voll von heftigen Konflikten, kultureller Vielfalt, Lebensfreude und dramatischen Entwicklungen«, heißt es in Rudolf Großkopffs Buch zu der im Herbst 2005 ausgestrahlten sechsteiligen ARD-Reihe *Unsere 50er Jahre – Wie wir wurden, was wir sind.* Gerade die Frauen halten Ausschau nach neuen Vorbildern und sie finden sie im Film und auf der Bühne, in der Mode und in der Literatur.

»Vom jungen Mädchen wird verlangt, daß es zu Hause bleibt, seine Ausgänge werden überwacht. Sie wird in keiner Weise dazu ermuntert, ihre Zerstreuungen, ihre Vergnügungen selbst in die Hand zu nehmen. (…) Wenn Studentinnen nach Studio-Art vergnügt zusammen durch die Straßen ziehen, erregen sie Aufsehen. Große Schritte machen, singen, lebhaft sprechen, laut lachen, einen Apfel essen bedeutet eine Provokation«, schrieb Simone de Beauvoir Ende der vierziger Jahre in ihrem Essay über Sitte und Sexus der Frau *Das andere Geschlecht.* Mit diesem Buch, heute ein Standardwerk der Frauenbewegung, hatte die Literatur »die Grenze der Verkommenheit« erreicht, jedenfalls nach Ansicht des konservativen Kritikers François Mauriac, der es schlicht ein »Brechmittel« nannte. Beauvoirs Leserinnen sahen das anders. »Das Buch veränderte das Leben von Millionen Frauen, ja die Welt, es ist das Fundament, auf dem die neuen Frauenbewegungen stehen«, schreibt Alice Schwarzer in ihrem

Buch *Simone de Beauvoir. Rebellin und Wegbereiterin.* Beauvoir, die später als Lichtgestalt der aufkommenden Frauenbewegung gefeiert wurde, musste manche Demütigung und Niederlage hinnehmen. Obwohl sie selbst Bücher schrieb, die sich millionenfach verkauften, und zur führenden Intellektuellen Europas aufstieg, musste sich *La Grande Sartreuse,* wie man die Lebensgefährtin des bekannten Philosophen Jean-Paul Sartre zu nennen pflegte, vorhalten lassen, intellektuell nicht mithalten zu können. Als unverheiratete und kinderlose Frau sah sie sich zusätzlich dem Vorwurf ausgesetzt ein Blaustrumpf, also ganz und gar unweiblich zu sein. Eine Woge der Ablehnung schlug ihr entgegen, als sie ihr »Buch über die Frauen« veröffentlichte. Beauvoirs Schriftstellerkollege Albert Camus giftete nach der Lektüre: »Sie haben den französischen Mann lächerlich gemacht!« Sie sprach Millionen von Geschlechtsgenossinnen aus der Seele, obwohl sie selbst das unterdrückte Leben als Hausfrau und Mutter, das sie in ihrem Buch beschrieb, nie führte. »Die Konflikte, die Simone de Beauvoir mit ihrem Anspruch heraufbeschwört, Leben und Arbeit, Liebe und Freiheit, Frausein und gesellschaftliche Teilhabe miteinander verbinden zu wollen, sind allen Frauen bis heute bekannt«. (s. Nathalie Hillmanns)

Zu der Zeit, als »das andere Geschlecht« noch als das schwache gilt, Teenager Backfische heißen, die Pille noch nicht auf dem Markt und Abtreibung ein Tabu ist, sorgt ein französischer Roman weltweit für Furore. Mitte der fünfziger Jahre erzählt eine Siebzehnjährige unbekümmert von der – körperlichen – Liebe zu einem jungen Mann, in den sie nicht ernsthaft verliebt ist und den sie erst recht nicht zu heiraten gedenkt, wo doch viele ihrer Altersgenossinnen schon bei einem Kuss um ihren guten Ruf und die ungewollten Folgen zittern. Schlimmer noch, das Mädchen hat seinen Spaß dabei und schwanger wird sie auch nicht. Gewissensbisse sind ihr fremd und nicht im Traum würde ihr einfallen, ihre Eskapaden vor ihrem Vater geheim zu halten. Für die bürgerliche Moral ein Skandal, für die junge Autorin Françoise Sagan ein Grund, die Korken knallen zu lassen. Ihr Buch *Bonjour tristesse* verkauft sich millionenfach (s. Susanne Nadolny).

Die bürgerliche Nachkriegsgeneration identifiziert sich mit dieser Stimme, die ihrem Unbehagen an der Welt, das sie selbst noch kaum fassen kann, Ausdruck verleiht. Während ihre Eltern in Biederkeit und Mief zu ersticken drohen, steht der Jugend – in Deutschland wie in Frankreich und anderswo – allmählich der Sinn nach Rebellion. Sie will »cool« sein wie James Dean, rockig wie Bill Haley oder halbstark wie Horst Buchholz und Karin Baal. Die akademische Jugend entdeckt den Existentialismus, raucht Pfeife wie Jean-Paul Sartre, trägt schwarze Rollkragenpullover wie Juliette Gréco und diskutiert in verräucherten Jazzclubs über Freiheit und Revolte. Ende der sechziger Jahren werden diese Diskussionen sich in den Studentenunruhen entladen.

Die österreichische Schriftstellerin Marlen Haushofer konnte von dieser Art Aufbegehren und Unabhängigkeit nur träumen. Ihr gelang es nie, die Diskrepanz zwischen Leben und Schreiben aufzuheben. Die zweifache Mutter musste sich die Stunden kreativer Arbeit geradezu stehlen. Zwischen Hausarbeit und Kinderbetreuung, Büroarbeit und Aktivitäten mit Familie und Freunden blieb ihr nie genügend Zeit für ihre Bücher. Wie viele Frauen ihrer Generation stellte sie ihre eigenen Interessen jahrelang zurück und opferte ihr Leben der Familie, die in der Schriftstellerei lediglich ein Hobby und einen Zeitvertreib sahen. Zwar erkannte Haushofer sehr wohl das Dilemma der Frauen zwischen Freiheitsstreben und Abhängigkeit, doch wagte sie selbst nicht den Schritt, den sie den Frauen in ihren Büchern, die ihre Familien verlassen und unabhängig leben, sehr wohl zutraute. Hinter der Fassade der freundlichen, bürgerlichen Frau verbarg sich eine entschiedene Feministin, die für Simone de Beauvoir große Bewunderung hegte. Haushofers Roman *Die Wand,* in dem die Schriftstellerin die radikale Abkehr einer Frau von der Welt beschreibt, wurde in den achtziger Jahren von der Frauenbewegung entdeckt und zählt heute zu den Klassikern der Nachkriegsliteratur. In ihren Büchern fand sie den Mut, Gedanken niederzuschreiben, die kaum eine Frau zu dieser Zeit laut artikuliert hätte. (s. Jutta Rosenkranz)

Dass Frauen »fähig sind, genau so scharf zu denken, wie die Männer. Daß sie genau so fähig sind, daß sie sogar weniger eitel sind, daß sie zu größeren Leistungen imstande sind als Männer«, weiß Haushofers Schriftstellerkollegin und Landsmännin Ingeborg Bachmann schon lange. Obwohl keine explizite Verfechterin der Emanzipation forderte die promovierte Philosophin vehement, man müsse sich dagegen wehren, dass diese Welt, die von Männern gemacht worden sei, Frauen unterdrücke, Frauen für inferior halte. Bachmann debütierte 1952 mit ersten Gedichten auf einer Tagung der Gruppe 47. Als die 28-jährige Österreicherin zwei Jahre später auf dem Titel des Magazins *Der Spiegel* erscheint, ist der Mythos Bachmann begründet. Ingeborg Bachmann wird »zum Symbol für den intellektuellen Wiederaufbau und für den Anschluss der deutschsprachigen an die internationale literarische Moderne«. (s. Unda Hörner)

Der Zeitgeist der fünfziger Jahre spiegelt sich nicht zuletzt in der Mode wider. Traditionsbewusstsein und Etikette stehen obenan. Die Dame trägt am Tag figurbetonte Kleider und Kostüme, selbstverständlich mit den obligatorischen, aufeinander abgestimmten Accessoires wie Hut, Tasche und Handschuhe. Theatralischer Luxus ist dem Abend vorbehalten, wobei strengstens geregelt ist, um welche Uhrzeit das Cocktailkleid und ab wann eher die große Abendgarderobe angebracht ist. Es ist die Ära der Eleganz. Bereits 1947 entwarf Dior seine *New Look*-Kollektion für eine kriegsmüde Welt, die von Luxus und Glamour nicht einmal zu träumen wagte. Enge Mieder und geschnürte Wespentaillen, von Korsett und Bügel-BH in Form gehalten, tellerweite Röcke, die bis zu 50 Meter Stoff verschlangen, dazu Pfennigabsätze, die manch schmerzverzerrtes Gesicht provozierten. Die Modewelt ist geschockt, die Damen zeigen sich begeistert. Alle – bis auf eine.

Coco Chanel hat zu dieser Zeit bereits eine erfolgreiche Karriere als Modeschöpferin hinter sich. Während des Zweiten Weltkriegs hatte sie ihr Modehaus geschlossen, nun lebte sie in der Schweiz ein eher beschauliches Leben. 1954, sie ist inzwischen 71 Jahre alt, startet Coco Chanel noch einmal durch, um sich ein für allemal als *die* Modeschöpferin des 20. Jahrhunderts zu profilieren. Ihre Triebfeder waren blanke Wut und Entsetzen über Diors Rückgriff auf ein Weiblichkeitsklischee, das sie verachtete. Obwohl ihr Come back vorübergehend in einem Fiasko zu enden drohte, ließ sie sich nicht entmutigen und kreierte eine Mode für die moderne, berufstätige Frau. Dabei war sie selbst genau diese Art von Frau, für die sie ihre Mode machte: eine Self-made-woman, sportlich, aktiv, eigenständig. (s. Gertrud Lehnert)

Im Gegensatz zu Coco Chanel liebt Marilyn Monroe Pfennigabsätze und fließende Kleider, die ihre körperlichen Reize kaum verhüllen. Als 1953 ein neues Magazin auf den Markt kommt, das »Unterhaltung für Männer« verspricht, ist »die umwerfendste Blondine, das tollste Weib, die überzeugendste Sex-Ikone des US-Kinos der fünfziger Jahre« das Covergirl der ersten Ausgabe des *Playboy.* Millionen von Frauen träumten davon so auszusehen wie sie, doch Marilyn Monroe selbst litt darunter, dass sich die Männer zwar den Hals nach ihr als Frau verrenkten, sie als Persönlichkeit jedoch nie vollends respektierten. »Ich will eine Künstlerin sein, kein erotischer Freak«, so MM, die sich zu Recht unterschätzt fühlte – von ihren wechselnden Begleitern, den Filmgesellschaften und den Medien – in einer Zeit, in der eine schöne und sexy Frau nicht intelligent sein konnte und umgekehrt (s. Barbara Sichtermann). »Sie war in allem das Opfer von Reklamerummel und Sensationsgier«, kommentierte Filmpartner Laurence Olivier ihren Tod, »und sie wurde in einer Art und Weise ausgebeutet, wie es sich kaum jemand vorstellen kann.«

Der Klatschpresse ausgeliefert zu sein, die sich Mitte der fünfziger Jahre noch im Entwicklungsstadium befand – allerdings mit ansteigender Tendenz –, das war auch das Schicksal von Maria Callas. Ihre Affäre mit dem Reeder Aristoteles Onassis, der sie für Jacqueline Kennedy verließ, füllte die Klatschspalten über Jahre und machte sie bekannter als ihre Bühnenerfolge. Kein anderer weiblicher Star wurde damals von den Medien so hart und unbarmherzig attackiert. Ihrem Erfolg, ihrer Konsequenz, ihrem Selbstbewusstsein wurde mit Neid und Häme begegnet. (s. Gunna Wendt)

Grazil wie die Callas, die in 16 Monaten fast dreißig Kilo abgenommen hatte, aber weniger kapriziös ist Edith Piaf. Die nur 1,47 Meter große Frau mit der eindringlichen Stimme war unangepasst und eigenwillig, leidenschaftlich und kompromisslos, eine Abenteuerin, authentisch in ihrem Leben und in ihrer Kunst. »Den Willen eines Mannes vertrage ich sehr schwer; ich versuche eher, ihm meinen eigenen aufzuzwingen.« Piaf war überzeugt, dass man in ihrem Beruf nur Erfolg haben konnte, wenn man keinerlei Zugeständnisse machte, stets unabhängig und selbstständig blieb, immer aufrichtig war und ohne Unterlass arbeitete. Das Leben, das sie führte, war ein Leben ohne Netz, in der Liebe wie im Beruf. (s. Jutta Rosenkranz)

Ebenfalls ein Vamp wie Marylin Monroe, aber mit »intellektuellem Sex« – das ist Hildegard Knef. Der »heiligen Sünderin« mit der markanten Stimme, die ihre erotische Ausstrahlung noch verstärkte, gelang es, den Deutschen im Ausland wieder ein »schönes« Gesicht zu geben: charismatisch, ausdrucksstark und eigenwillig. In den vierziger Jahren war sie mit ihrem Film *Die Mörder sind unter uns* zur Hoffnungsträgerin nach der totalen Niederlage geworden, zum Symbol für den Wiederaufbau und die kommende Generation der Jungen. Der Film *Die Sünderin*, der 1951 in die Kinos kam und für Sekundenbruchteile den Blick auf ihren blanken Busen zuließ, brachte ihr das Image der *femme fatale* ein. Die 26-jährige Akteurin wurde diese Brandmarke nie wieder los. Fortan buchte man die Knef in der Kategorie Sexsymbol, wobei sie alles andere als ein Pin-up war. Die Knef ist »cool«, und das meint eine innere Haltung. Somit wird Hildegard Knef gerade für Frauen zu einem »weiblichen Orientierungsmoment« (s. Corinna Weidner).

Der beste Einwand gegen das Vorurteil, die fünfziger Jahre hätten von allen Frauen schwellende Formen und überbordende Hausfraulichkeit verlangt, ist Audrey Hepburn. Sie ist die dunkelhaarige superschlanke Ballerina, Elfe und Kindfrau, rehäugig, mädchenhaft-verspielt. Sie steht nicht für die Restauration der traditionellen Rollenverteilung zwischen den Geschlechtern, sondern für den Neubeginn. Audrey Hepburn wird zur Stilikone schlechthin. Millionen junger Mädchen in Europa und Amerika träumen davon, einmal so elegant zu sein wie sie und kopieren ihren Look – bis heute. (s. Barbara Sichtermann)

Ob Sexsymbol oder Stilikone, Popautorin *avant la lettre* oder weltfremde *poeta docta,* Intellektuelle oder Feministin, wahrer Engel oder waschechte Sünderin, sie alle haben dazu beigetragen, das Frauenbild im ausgehenden 20. Jahrhunderts entscheidend zu verändern. Gemeinsam werden sie zu Wegbereiterinnen einer neuen Generation Frau, die Jahre später einen Befreiungskampf beginnt, den einige von ihnen für sich selbst als vollkommen überflüssig erachteten.

Susanne Nadolny, im Juni 2006

Simone de Beauvoir –
Wegbereiterin des anderen Geschlechts
Nathalie Hillmanns

Simone de Beauvoir fällt auf, wenn sie schreibend in einem Pariser Café am linken Seine-Ufer sitzt. Während der Kriegszeit hatte sie angefangen, sich einen bunten Turban um den Kopf zu schlingen, wenn das Wasser zum Haare Waschen mal wieder knapp war. Die Angewohnheit ist in den fünfziger Jahren längst zu ihrem Erkennungszeichen geworden. Manchmal traut sich jemand sie anzusprechen, die allseits bekannte Gefährtin des berühmten Philosophen Jean-Paul Sartre. Dann blickt sie den Störenfried mit blitzenden blauen Augen an, bereit, eine ihrer berüchtigten abweisenden Bemerkungen zu machen.

Simone de Beauvoir ist Anfang der Fünfziger auf dem Weg, selbst eine Berühmtheit zu werden, mehr noch, die Veröffentlichung ihres Buches *Das andere Geschlecht* 1949 wird sie innerhalb der nächsten Jahrzehnte zur Ikone machen, zum Vorbild einer ganzen Generation von Frauen, die aus den ihnen vorgegebenen Lebensmustern ausbrechen wollen. Doch bis dahin ist es ein langer Weg.

Als Schriftstellerin kann Simone de Beauvoir nicht auf viele Vorbilder zurückgreifen. Die literarische Szene wird von Männern beherrscht. So bewegt sie sich im geistigen Bermudadreieck von Literatur, Philosophie und Politik und steht als schreibende, unverheiratete, kinderlose Frau stets unter dem Verdacht ein Blaustrumpf, also unweiblich zu sein oder intellektuell nicht mithalten zu können. Als Ausnahmefrau ist sie auf die Unterstützung der Männer angewiesen, vor allem auf die Sartres, mit dem sie eine lebenslange Liebes- und Arbeitsbeziehung führt. Die Verbindung von Leben und Arbeit ist ihr Thema, wahrhaftig von sich zu schreiben, ihr Anspruch. Bevor sie später in den Olymp der Frauenbewegung aufsteigen kann, muss sie zunächst viele Demütigungen und Niederlagen hinnehmen. Dennoch: ihre Karriere –

ein Begriff, den sie selbst nie in den Mund genommen hätte
– gewinnt im Laufe der Fünfziger deutlich an Fahrt. Sie ist nicht
länger eines dieser Zwitterwesen, die einem berühmten Schriftsteller organisatorisch den Rücken frei halten und auch als Muse
künstlerisch inspirieren. Sie schafft es, selbst Bücher zu schreiben,
die in Millionenauflage verkauft und gelesen werden.

In den fünfziger Jahren herrscht Aufbruchstimmung unter den
Intellektuellen. Für die Frauen dagegen ist es eine Zeit der Restauration, der Wiederkehr alter Rollenmuster oder wie Alice Schwarzer sagt, »die Nacht vor der Existenz der neuen Frauenbewegung«.
Die Konflikte, die Simone de Beauvoir mit ihrem Anspruch heraufbeschwört, Leben und Arbeit, Liebe und Freiheit, Frausein und
gesellschaftliche Teilhabe miteinander verbinden zu wollen, sind
allen Frauen bis heute bekannt. Die Arena, in der sie ihre Kämpfe
führt, kennt eigene, oft tückische Regeln: Die Öffentlichkeit ist
in den fünfziger Jahren ein weitgehend unerforschtes Gebiet, und
so erstaunt es heute, mit welcher Naivität Simone de Beauvoir
und auch Jean-Paul Sartre mit ihrem Leben in die Öffentlichkeit
gehen, um dort kraft ihrer Autorität als Schriftsteller politische
und gesellschaftliche Veränderungen einzufordern.

Verletzungen und Irrtümer bleiben unvermeidbar, aber desto
schmerzhafter. Simone de Beauvoir scheitert immer dort, wo sie
auch ihre Triumphe feiert: vor aller Augen.

In der Öffentlichkeit wird Simone de Beauvoir *La Grande Sartreuse*
genannt. Doch von 1947 bis 1964 gehört ihr Herz einem anderen,
dem amerikanischen Schriftsteller Nelson Algren.

Als Simone de Beauvoir Nelson Algren während ihrer ersten
Reise durch die USA 1947 kennen lernt, weiß sie bereits, dass
ihnen als Paar keine Zukunft beschieden sein wird. Denn Algren
verlangt von ihr, was alle Männer seiner Generation ganz selbstverständlich von Frauen verlangen: Dass sie sich seinem Leben-
sentwurf anpassen soll. Auch Jean-Paul Sartre verlangt das von

Simone de Beauvoir
am Tag vor der Ver-
leihung des Prix Gon-
court, Paris 1952.

Beauvoir mit Sarte in China, 1955.

ihr. Doch anders als mit Sartre, an dessen Seite sie einen gewissen Schutz als Schriftstellerin genießt, wäre sie mit Nelson Algren in Chicago ohne geistige Heimat, entwurzelt, zur »Sehnsucht und zum Verdorren verdammt«, wie Algren selbst in einem hellsichtigen Moment eingesteht.

Für ihn hingegen ist es selbstverständlich, dass er niemals sein Land verließe und damit seine Sprache verlöre, die für ihn als Schriftsteller überlebensnotwendig ist, um an ihrer Seite leben zu können. Dass Simone de Beauvoir beharrlich in den nächsten siebzehn Jahren, bis zu ihrem endgültigen Bruch, das gleiche Recht auf ein Leben als Schriftstellerin in Paris einfordert, hält er dagegen nach einer kurzen verständnisvollen Phase zu Beginn bald für einen Mangel an Liebe. Sie selbst hofft vergeblich auf sein Verständnis, dass sie ihr »Arbeitsleben in Frankreich«, wie sie es nennt, nicht aufgeben will. In einen Brief versucht sie zu erklären, warum sie ihm ihr Leben nicht geben kann.

Doch Algren hegt Groll. Auf ihr Leben an der Seite Jean-Paul Sartres, den er zwar nie wirklich als Rivalen ernst nimmt, aber dessen Bedeutung er mit der Zeit sehr wohl zur Kenntnis nehmen muss. Auf ihren Erfolg, der sich im Laufe ihrer siebzehn Jahre währenden Liaison zunehmend einstellt, während er Algren weitgehend verwehrt bleibt. Und schließlich auf die stets neu besetzte Gruppe von Menschen, die wie Satelliten um das bald zum Mythos stilisierte Paar Sartre und Beauvoir kreisen.

Das Leben Beauvoirs in Paris ist in den fünfziger Jahren eine einzigartige Gemengelage von schriftstellerischer Arbeit, häufigen Reisen mit Sartre, politischem Engagement und komplizierten Beziehungsdramen, die sich unter den zahlreichen ehemaligen und aktuellen Geliebten Sartres und Beauvoirs abspielen. Es ist ein anstrengendes Leben, das beide nur mit Alkohol und Aufputschmitteln durchhalten. Beauvoir wird in dieser Zeit zur Alkoholikerin. Morgens, so berichtet sie ihrer Biografin Deidre Bair, trinkt sie die ersten beiden Gläser Wodka, um ihr »inneres Gleichgewicht« zu halten. Bis zum Abend sind es weitere Wodkas und einige Gläser Scotch. Sartre braucht zum Schreiben das Aufputschmittel Corydran.

Die Zeit mit Nelson Algren in Chicago und die Reisen mit ihm durch Mittelamerika und Europa sind dagegen wie die reine Erholung und ein unverhoffter Jungbrunnen. Der Trennungsschmerz ist zunächst nicht minder süß. Die eher zurückhaltende Beauvoir, die ihre Gefühle selbst Nahestehenden nur selten offenbart, schreibt in ihren Briefen an Algren die schönste und – wie manche bei der Veröffentlichung 1997 finden – überraschendste Liebesprosa:

> »Wir müssen alle Gesichter der Liebe kennen lernen. Wir werden die Freude des Wiedersehens erleben, ich möchte es, ich brauche es und werde es bekommen. Warten Sie auf mich. Ich warte auf Sie. Ich liebe Sie noch mehr, als ich gesagt habe, vielleicht mehr, als Sie wissen. Ich werde sehr oft schreiben. Schreiben auch

Sie mir sehr oft. Ich bin für immer Ihre Frau. Ihre Simone.«

Mit 39 Jahren beginnt sie mit dem als schwierig und neurotisch geltenden Algren eine reife Liebe, die ganz anders ist als die, die sie mit Sartre verbindet. Ganz zu schweigen von den Männern und den Frauen, mit denen sie für einige Wochen oder Monate Zweitbeziehungen eingeht. Mit Nelson Algren ist nicht nur reger geistiger Austausch möglich, sondern auch tiefe sinnliche Erfahrung. Sie reisen gemeinsam, aber sie verbringen auch Wochen alleine in einem Haus am Michigan-See und genießen die Freuden des häuslichen Daseins. Alles scheint möglich, selbst das bisher für Unmöglich gehaltene. Algren denkt ans Heiraten.

Die »Froschfrau«, wie Algren sie liebevoll nennt, ist zu Beginn ihrer Beziehung in den USA nur einem kleinen Publikum bekannt, hauptsächlich, weil sie die Gefährtin eines berühmten Mannes ist, der in der Nachkriegszeit in Europa mit seiner existentialistischen Philosophie geradezu eine neue Mode kreiert hat. Wer Anfang der fünfziger Jahre etwas auf sich hält, hat Jean Paul Sartres *Das Sein und das Nichts* gelesen und versucht in einem der berühmten Pariser Cafés wie dem Flore oder dem Deux Magots an einem Tisch Platz zu nehmen, an dem der kleine hässliche Mann mit der Brille und die Frau mit den leuchtend blauen Augen und dem Turban auf dem Kopf sitzen. Da Simone Beauvoir und Jean Paul Sartre bereits seit Vorkriegszeiten überwiegend in billigen Hotels – getrennte Zimmer, aber Seit an Seit – zu wohnen pflegen, essen sie gemeinhin in der Öffentlichkeit. Auch abends sitzen sie mit ihrer stets gegenwärtigen Entourage laut debattierend, trinkend und rauchend an ihren Stammplätzen.

Gegen Jean-Paul Sartre und das Leben, das Simone de Beauvoir in Paris führt, hat Nelson Algren keine Chance. Dies zu erkennen, braucht er 17 Jahre. In diesen Jahren verwandelt sich Simone de Beauvoir von der schreibenden Gefährtin an der Seite Sartres zu

Simone des Beauvoir und Jean-Paul Sarte bei der Arbeit, Boulevard Raspail 222, Paris 1954.

einer berühmten Schriftstellerin, die zur Lichtgestalt der aufkommenden Frauenbewegung werden soll.

Diese Rolle ist ihr nicht in die Wiege gelegt. Als sie 1908 als erstes Kind von Françoise Brasseur de Beauvoir und George Bertrand de Beauvoir geboren wird, hat die Welt noch eine unverrückbar erscheinende Ordnung, die Männern und Frauen unwiderruflich ihren Platz in der Gesellschaft zuweist. Es wäre Simone de Beauvoirs Mutter niemals in den Sinn gekommen, einen Beruf zu ergreifen. Ihr Vater hingegen, Sohn einer bis ins zwölfte Jahrhundert zurück reichenden Landadelsfamilie, ist mehr schlecht als recht auf ein bürgerliches Berufsleben vorbereitet. Er findet es Zeit seines Lebens lästig, sein Geld durch eigene Arbeit zu verdienen. Simone und ihrer zweieinhalb Jahre jüngeren Schwester Helene werden von frühester Kindheit an eingebläut, welchen Stand sie in der Gesellschaft einzunehmen haben. Mit drei Jahren, schreibt ihre Biografin Deidre Bair, habe die kleine Simone ihre eigenen Visitenkärtchen gehabt. »Noch bevor sie vier Jahre alt war, verstand sie es, nach dem Vorbild der Mutter in ihr schwarzes Samthandtäschchen zu greifen und die Karte so geschickt wie eine Erwachsene auf das ihr gereichte Silbertablett zu legen.« Im Park ist es den Schwestern untersagt mit Kindern zu spielen, die nicht dem Großbürgertum angehörten.

Doch das Leben der jungen Familie am feinen Boulevard Montparnasse ist von Anfang an vom sozialen Abstieg bedroht, der schließlich auch eintritt. Da Simones Großvater, der Bankier Gustave Brasseur, kurz vor der arrangierten Hochzeit der Eltern in finanzielle Schwierigkeiten geraten ist, bringt ihre Mutter die erhoffte großzügige Mitgift nicht in die Ehe ein.

Kurz nach dem Ersten Weltkrieg ist die Familie so gut wie pleite, sie müssen in eine billige Wohnung umziehen. Simone und ihrer Schwester wird bedeutet, dass ihre Zukunft bestenfalls im Ungewissen liegt, denn ohne Mitgift wird es schwer fallen, standesgemäße Ehemänner zu finden. Ohnehin findet der Vater, Simone, die sich nun in einen pausbäckigen Backfisch zu verwandeln beginnt, sei nicht attraktiv genug.

Simone hingegen entwickelt ein ausgeprägtes Eigenleben, unabhängig von den üblichen Gruppenzwängen und Moden, die sonst das Leben junger Mädchen dominieren. Vor allem entzieht sie sich zunehmend dem Einfluss der Mutter, der in ihren Kreisen übermächtig ist. Ihrer Biografin erzählt Simone de Beauvoir:

»Ich liebte meine Mutter sehr, bis ich zwölf oder dreizehn war, und von da an liebte ich sie sehr viel weniger. Etwa von meinem elften Lebensjahr an war meine Beziehung zu ihr von Konflikten geprägt. Später verbesserte sich unser Verhältnis wieder, doch es blieb immer sehr distanziert, weil wir einfach nicht miteinander zurechtkamen. Nach und nach begriff ich, wie sehr meine Mutter an all den bourgeoisen, katholischen, frommen und rechtschaffenen Wertvorstellungen hing, die ich immer mehr ablehnte. Meine eigenständigen Gedanken waren ihr ein Dorn im Auge. Ich konnte nie mit ihr über etwas reden, was mir wichtig war. Sie missbilligte absolut alles. Und natürlich hatte unser früheres Verhältnis in nichts dazu beigetragen, unsere Beziehung als Erwachsene zu erleichtern.«

Was sich heute anhört wie ein durchschnittlicher Ablösungsprozess eines Teenagers von seinen Eltern, ist damals für ein junges Mädchen ihres Standes höchst ungewöhnlich. Jungen Männern gesteht man ein Verhalten zu, das von jugendlichem Ungestüm und Widerstand gegen Althergebrachtes zeugt. Jungen Frauen gilt es jedoch als Tugend, sich ohne Widerspruch der Autorität der Eltern zu beugen, bis diese auf den Ehemann übergeht, der fortan die Gewalt über die Frau hat.

Noch Generationen später schämt man sich in der Familie de Beauvoir für Simone, die aus ihrer Sicht ohne Grund schamlos alle Konventionen außer Kraft gesetzt hatte. »Die Familie Bertrand de Beauvoir kann ihre Linie zurückverfolgen bis ins zwölfte Jahrhundert«, schreibt Deidre Bair, »sie fand sich nicht so leicht damit ab, dass jemand es wagte, ihren fast achthundert Jahre alten Verhaltenskodex zu missachten.«

Simone de Beauvoir tut sich zeitlebens schwer, ihre Abneigung gegen alles Bürgerliche abzulegen. »Zum Beispiel werde ich verrückt bei dem Gedanken, dass ich morgen Abend ein Abendkleid tragen soll, ich verabscheue es«, schreibt sie an Nelson Algren. »Es gibt mir das Gefühl, zur Clique der Frauen und zur ’Bourgeoisie’ zu gehören, verstehen Sie, und es demütigt mich irgendwie.« Bald schon wird sie mit dieser Abneigung ganz *en vogue* sein, doch vorerst ist sie mit ihrem Lebensstil, ihrer Unabhängigkeit und ihren Ansichten eine Ausnahmeerscheinung unter den europäischen Intellektuellen der Nachkriegszeit.

Bereits als kleines Mädchen träumt sie davon, eines Tages eine berühmte Schriftstellerin zu sein. Und tatsächlich gibt sie nach dem Krieg ihren Beruf als Philosophielehrerin auf, um sich ganz auf das Schreiben zu konzentrieren – was ohne die finanzielle und men-

Beauvoir und Algren.

tale Unterstützung Sartres nicht möglich gewesen wäre. Sie veröffentlicht 1943 den Roman *Sie kam und blieb,* 1944 *Pyrrhus und Cineas,* 1945 *Das Blut der anderen* und ihr einziges Drama *Les bouches inutiles.* Ein Jahr nach Kriegsende wird der Roman *Alle Menschen sind sterblich* veröffentlicht. Doch die Bücher verkaufen sich schlecht, das Theaterstück wird bald abgesetzt. Während Sartres Stern hoch am Himmel leuchtet, wird sie als eigenständige Schriftstellerin kaum wahrgenommen. Das ändert sich erst 1949 mit der Veröffentlichung von *Das andere Geschlecht,* das Buch, das später als die Bibel der Frauenbewegung gelten wird.

Bereits im Oktober 1946 hat sie damit begonnen, aber erst ihre Liebe zu Nelson Algren, dem ausgemachten Macho, beflügelt die Arbeit an dem Manuskript. Am 10. Mai 1949 wird er nach Paris kommen, um die Geliebte zu besuchen. Bis dahin soll das Buch unbedingt fertig sein. Ihrer Biografin schildert sie 1985 im Rückblick, wie sehr sie der Endspurt für *Das andere Geschlecht* körperlich und geistig mitgenommen hatte:

> »Eines Tages blickte ich in den Spiegel. Ich sah furchtbar aus. Die Augen waren gerötet vor Anstrengung. Im Gesicht hatte ich Pickel wie seit der Pubertät nicht mehr. Im Nacken hatte ich Flecken vom ‚farbechten' blauen, guatemaltekischen Jackett, welches mir Algren geschenkt hatte. Ich war dick, mein Bauch war vom vielen Alkohol und den Tabletten und der schlechten Ernährung aufgebläht. Tja, sagte ich mir, dieses Buch bringt mich um. Wir müssen dieser armen alten Frau

zur Hilfe eilen, ehe es zu spät ist. Also bin ich erst einmal umgezogen und dann habe ich darauf gewartet, dass Frühling wird und Algren kommt. Der Arme, er war hier, wissen Sie, als die Kacke anfing zu dampfen: als *Das andere Geschlecht* herauskam.«

Als Auszüge aus dem »Buch über die Frauen«, wie sie es nennt, in der Zeitschrift *Les Temps Modernes* erscheinen, sind die Reaktionen harsch. Als beide Bände vorliegen, übertreffen sich die Kritiken, die selten über Polemik hinauskommen, an Boshaftigkeit und Niedertracht. Besonders ihre Beschreibung der Trostlosigkeit, die den Hausfrauen und Müttern bei der Hausarbeit auferlegt ist, und die Kapitel über weibliche Sexualität lassen die Kritiker toben. Man belässt es nicht bei Rezensionen in Zeitschriften, sondern versucht die Autorin persönlich zu treffen. In ihren Memoiren schreibt sie:

> »Ich erhielt signierte und anonyme Epigramme, Satiren, Strafpredigten, Ermahnungen, die zum Beispiel ›äußerst aktive Angehörige des ersten Geschlechts‹ an mich richteten. Man sagte, dass ich unbefriedigt, frigid, priapeisch, nymphoman, lesbisch sei und hundert Abtreibungen hinter mir habe und sogar heimlich ein Kind hätte. Man machte sich erbötig, meine Frigidität zu heilen, meine vampirischen Gelüste zu befriedigen, man versprach mir Offenbarungen, zwar mit schmutzigen Ausdrücken, aber im Namen des Wahren, des Schönen, des Guten, der Gesundheit und sogar der Poesie, an denen ich mich auf unwürdige Weise vergangen hatte.«

Die etwas atemlose Schilderung lässt erahnen, welche Woge der Ablehnung der Autorin entgegenschlägt. Sie weiß sehr wohl, dass sie eine Grenze überschritten hat. Im Frankreich der fünfziger Jahre haben die Frauen zwar seit 1945 endlich das Wahlrecht als

Paris 1948.

Belohnung für ihren Mut in der Resistance bekommen, aber sie können weder ein eigenes Bankkonto eröffnen, noch als Ehefrau ihren Wohnort bestimmen. Sie dürfen ohne Erlaubnis ihres Mannes keine Arbeit aufnehmen. Es ist ihnen gesetzlich verboten, empfängnisverhütende Mittel zu benutzen oder gar abzutreiben. Nicht einmal die Erziehungsgewalt über ihre Kinder haben sie, da allein der Vater als *chef de famille* medizinische oder juristische Formulare unterschreiben darf, die die Kinder betreffen.

In ihrem fast 700seitigen Buch nimmt Simone de Beauvoir eine minutiöse Auflistung all der Umstände vor, unter denen Frauen damals ihren Alltag bestreiten. Vor allem das Leben als Ehefrau und Mutter, das Leben also, das die meisten Frauen ihrer Generation führen, bezeichnet sie als Falle und beschreibt es als Zustand ständiger Versklavung.

Die Gesetze der Öffentlichkeit erweisen sich als ambivalent: Trotz aller Kritik bedeutet *Das andere Geschlecht* für Simone de Beauvoir den Durchbruch. Obwohl sie es nie vorhatte, sich für die Rechte der Frauen einzusetzen, weil sie selbst sich nie wirklich unterdrückt gefühlt hatte, wird das Frauenthema zu ihrem Leitmotiv. Zwar hat Sartre sie sehr beim Schreiben unterstützt und ihren Gedankengang insbesondere mit seiner Theorie der Freiheit auch beeinflusst. Dennoch ist dies ein ureigenes Thema, bei dem ihr Sartre nicht in die Quere kommt. Jetzt wird sie als Interviewpartnerin angefragt, nicht weil sie als Sprachrohr Sartres angesehen wird, sondern weil es um die Reaktionen auf ihr Buch geht.

1953 erscheint das Buch in den USA und wird dort von allen bedeutenden Feuilletons rezensiert. Zwar hagelt es auch hier Kritik, aber ihre Gedanken scheinen fast noch mehr als in Europa den Nerv der Zeit zu treffen. Viele halten das Buch, das in den ersten Ausgaben oft nackte Frauen auf dem Umschlag hatte, für ein Sexbuch, und tatsächlich liefert Beauvoir an einigen Stellen unumwundene Beschreibungen weiblicher Sexualität, die in den fünfziger Jahren noch nie so offen zu lesen waren. In Wirklichkeit, so die amerikanische Literaturwissenschaftlerin Toril Moi, füllte das Buch jedoch eine weitaus größere Leerstelle:

>In den fünfziger und frühen sechziger Jahren war *Das andere Geschlecht* das einzige Buch, das Frauen eine nonkonformistische Analyse ihrer Situation bot. Paradoxerweise trug der Kontext der gesellschaftlichen Unterdrückung, in dem *Das andere Geschlecht* zum ersten Mal erschien, dazu bei, dass es für Tausende von Frauen zu einem Symbol der Hoffnung wurde. Im Joch der familienorientierten Ideologie der fünfziger Jahre empfanden viele Frauen Beauvoirs Betonung der unterdrückenden Wirkungen von Ehe und Mutterschaft als befreiend. Während das Patriarchat darauf beharrte, dass die Frauen *selbst* schuld seien, wenn sie sich nicht wunderbar erfüllt fühlten, lautete Beauvoirs Botschaft, dass es nur natürlich sei, unter der Heuchelei der patriarchalen Ideologie und den gesellschaftlichen Einschränkungen der weiblichen Freiheit zu leiden.«

Simone de Beauvoir wird bewusst, dass sie mit ihrem Buch offenbar Millionen von Frauen aus der Seele spricht. Es ist ihr persönlich größter Erfolg als Autorin. Die Verkaufszahlen von *Das andere Geschlecht* übertreffen alle Erwartungen. Nach vorsichtigen Schätzungen des Verlags Gallimard werden etwa eine Million französische Ausgaben verkauft und etwa zwei bis drei Millionen Exemplare in anderen Sprachen. Das Buch macht Beauvoir bis zu ihrem Lebensende finanziell unabhängig.

Das andere Geschlecht verhilft ihr nicht nur zu weltweiter Berühmtheit, es begründet auch ihren Mythos als Frauenrechtlerin. Der Strom der Briefe, die sie von nun an täglich von Frauen bekommt, wird nicht mehr abreißen. Für viele Frauen wird sie zur Hoffnungsträgerin und zu einer sagenumwobenen Gestalt. Die englische Hausfrau Angie Pegg beschreibt, wie *Das andere Geschlecht* ihr Leben verändert:

>»Ich sah Simone de Beauvoirs Buch eines Tages in der Buchhandlung, und ich kaufte es, bloß weil es *Das andere Geschlecht* hieß, und das interessierte mich. Ich las den Abschnitt über Haushaltsarbeit. Als ich das Buch 1979 kaufte, habe ich am selben Tag um acht Uhr mit dem Lesen angefangen und bin, glaube ich, erst um vier Uhr ins Bett gegangen – es brachte mich völlig durcheinander. Es war, als ob jemand ins Zimmer gekommen wäre und zum ersten Mal mit mir gesprochen und gesagt hätte: ›Es ist ganz normal, was Du empfindest. Es ist ganz normal.‹ (…) Ein paar Monate nachdem ich Beauvoir gelesen hatte, wurde mir klar, dass ich etwas für mich tun musste. (…) Ich schrieb mich, gegen den beträchtlichen Widerstand meines Mannes, an der Universität ein.«

Geschichten wie diese begründen die enorme Ausstrahlungskraft Beauvoirs für mehrere Generationen von Frauen, die sich mit dem Los ihrer Mütter nicht mehr abfinden möchten. Erweckungsgeschichten wie die der Hausfrau Angie Pegg legen zugleich den Grundstein für die Mythen, die sich um Beauvoirs Leben in Paris ranken. Denn sie lebt dort eben nicht das unterdrückte Leben als Hausfrau und Mutter, das sie in ihrem Buch beschreibt. Die Leserinnen stellen sich vor, wie Beauvoir nur ihre eigene Unterwäsche wäscht, stolz darauf ist, nicht kochen zu können, einen Haufen Liebhaber hat und ihr abenteuerliches Leben in Romanen beschreibt.

Beauvoir in ihrem
Lieblingscafé
Le Dôme.

Mehr oder weniger ungewollt trägt Simone de Beauvoir selbst dazu bei, ihre sagenumwobene Lebensweise noch bekannter zu machen. Mitte der fünfziger Jahre fängt sie an, den ersten von vier Bänden ihrer Autobiografie zu schreiben. Anders als andere prominente Frauen ihrer Generation hält sie mit Persönlichem nicht hinterm Berg. Ihre Aura entsteht nicht durch das Weglassen prosaischer Alltäglichkeiten, sondern gerade durch die detaillierte Beschreibung ihres Lebens.

In den *Memoiren einer Tochter aus gutem Hause,* die 1958 veröffentlicht werden, erzählt sie ihren Lebensweg zur unabhängigen Intellektuellen, auf den sich alle Wünsche und Sehnsüchte der bürgerlichen Töchter der Nachkriegzeit projizieren lassen. Ob berechtigt oder nicht, viele Frauen erkennen sich in den Beschreibungen Beauvoirs wieder. Sie muss allerdings in ihrer Autobiografie Rücksicht auf die Gefühle vieler Nahestehender, besonders aus dem engeren Kreis um Sartre, nehmen. Daher sind viele Stellen in den Büchern geglättet. Doch auch ohne diese Beschönigungen lebt sie ein, wie es scheint, privilegiertes, unabhängiges, erfülltes Leben, von dem viele Frauen in diesen Nachkriegsjahren nur träumen können.

Dennoch ist der Alltag kompliziert. Und widersprüchlicher als man es in ihren Büchern zu lesen bekommt. Simone de Beauvoir und vor allem Jean-Paul Sartre müssen in den fünfziger Jahren erkennen, dass sie in ihrem Privatleben, sofern man es von ihrem Berufsleben trennen kann, in einer Krise stecken. Die Probleme liegen weniger zwischen ihnen als Paar, da sie schon lange keine sexuelle oder gar ausschließliche Liebe mehr verbindet. Es sind vielmehr die jeweils anderen Partner und die Menschen, die sie zum Teil durch Freundschaften und zum Teil durch intime Beziehungen an sich gebunden haben, die nun Teil ihres Alltags sind und viele Konflikte heraufbeschwören.

Besonders Sartre laviert sich Tag für Tag von Termin zu Termin. Neben seinen beruflichen Verpflichtungen erheben durchschnittlich drei bis fünf Frauen Anspruch auf seine Zeit. Simone de Beauvoir macht bizarre Tagespläne für ihn und achtet darauf, dass er sich nicht zu sehr anstrengt, denn seine ersten körperlichen Zusammenbrüche deuten darauf hin, dass er den vielen Ansprüchen nicht gewachsen ist. Seine Geliebten werden stets jünger und ergebener, aber das nützt ihm nichts, da er wie jeder Mann Tränen hasst und sich von den anderen nicht trennen kann. Seine Berühmtheit hilft ihm zwar bei neuen Bekanntschaften, macht das Leben aber nicht leichter, im Gegenteil, immer häufiger und immer tiefer wird er in politische Auseinandersetzungen hineingezogen, nicht zuletzt deshalb, weil er selbst den Anspruch erhebt, dass seinen Texten Taten folgen müssen.

Für Simone de Beauvoir bedeutet dies, dass zu ihren eigenen Büchern und denen Sartres noch viele politische Termine, Interviews und Reisen zu bewältigen sind. Ihr Alltag ist eng mit dem Sartres verwoben. Zwar nimmt ihr die Entourage, die aus den diversen Frauen, Freunden, Kollegen der Zeitschrift *Les Temps Modernes* und dem Privatsekretär Sartres, Jean Cau, besteht, viele Aufgaben ab, aber sie ist diejenige, die das Gefüge im Überblick behalten muss. Wenn sie Nelson Algren in Amerika besucht, koordiniert sie dies mit den Reiseplänen Sartres und seiner jeweiligen Geliebten. Algren hat dafür kein Verständnis. Schon bald steckt die Beziehung in einer Sackgasse. 1951 trennen sie sich das erste Mal. Simone de Beauvoir beginnt im Jahr darauf eine Beziehung mit dem 17 Jahre jüngeren Claude Lanzmann, der später für seine Holocaust-Dokumentation *Shoa* weltberühmt werden wird. Lanzmann ist der erste Mann, mit dem sie eine Wohnung teilt. Ihr gefällt das Zusammenleben sogar, auch wenn sie ihren strikten Tagesablauf kein bisschen auf die Bedürfnisse Lanzmanns hin abändert. Den stört das weniger als Algren, aber lange hält er es in der engen Wohnung in der Rue de la Bûcherie dennoch nicht aus. Immerhin hält ihre Beziehung sechs Jahre. Er wird nach der Trennung ein lebenslanger enger Freund bleiben.

Mit Nelson Algren gestaltet es sich schwieriger. Sie sind zwar getrennt, schreiben sich aber weiterhin liebevolle Briefe. Algren heiratet seine erste Frau Amanda ein zweites Mal. Als er sich wieder von ihr trennt, keimt bei Simone de Beauvoir Hoffnung auf eine Versöhnung auf.

Mit 46 Jahren bekommt sie die literarische Anerkennung, nach der sie sich ein Leben lang gesehnt hat: Man verleiht ihr 1954 den *Prix Goncourt,* eine der wichtigsten Auszeichnungen des Landes für ihren Roman *Die Mandarins von Paris.* Das Buch wird als eine Art Schlüsselroman der Nachkriegszeit gedeutet, in dem sie Jean-Paul Sartre, Albert Camus und all die anderen Figuren des linken Seine-Ufers mehr oder weniger unverhüllt schildert. Doch sie kann sich trotzdem über die Anerkennung freuen. »In dem Augenblick, da sich der Traum meiner zwanzig Jahre erfüllte – durch Bücher Liebe zu errin-

Algrens Pinnwand mit Beauvoirs Fotos, Briefen, Buchumschlägen und Rezensionen ihrer Werke.

gen – konnte mir nichts meine Freude verderben«, schreibt sie in ihren Memoiren.

Was sie jedoch verunsichert, ist die Reaktion Algrens, den sie ebenfalls als Figur in ihrem Roman auftauchen lässt. In einem Brief an ihn schreibt sie im Januar 1955: »Alle loben die ‚amerikanische Liebesgeschichte'. Im Grunde ist es nicht unsere wirkliche Geschichte, könnte es gar nicht sein. Doch ich habe versucht, etwas davon hineinzulegen, eine wirkliche Liebe zu beschreiben zwischen einem Mann, der Ihnen ein bisschen ähnelt, und einer Frau, die mir ein bisschen ähnelt.« Als das Buch ein Jahr später in den USA erscheint, tobt Algren. Er fühlt sich entblößt, hintergangen, missbraucht. Journalisten, die ihn nach der Geschichte befragen, gibt er hasserfüllte Interviews.

In ihren Memoiren ist von seinem Ärger nichts zu lesen. Hier schreibt sie unbekümmert, sie habe damit gerechnet, die Auszeichnung zu bekommen, und sie habe das Geld gebraucht, um sich endlich eine Wohnung kaufen zu können. Allein der öffentliche Rummel um ihre Person stört sie. Mit den Journalisten, die am Tag der Bekanntmachung ein Foto von ihr machen wollen, spielt sie Katz und Maus. Sie glaubt, das Regelwerk der Öffentlichkeit zu kennen und zu durchschauen. Sie denkt, dass sie sich ihm verweigern kann, mehr noch, im Namen der Wahrheit sieht sie sich in der Pflicht, sich dem schaulustigen Publikum zu entziehen:

»Ich begreife nicht, inwiefern die Entscheidung des Preisgerichts Verpflichtungen gegenüber dem Fernsehen, dem Rundfunk, der Presse auferlegt oder warum ich mich hätte verpflichtet fühlen sollen, in Kameras hineinzulächeln, müßige Fragen zu beantworten, den Inhalt meiner Schubladen vor der Öffentlichkeit auszubreiten. (…) Meiner Meinung nach verbieten dem Schriftsteller die Beziehungen, die er zur Wahrheit unterhält, sich dieser Behandlung zu fügen.«

Sie unterschätzt die Eigendynamik des öffentlichen Handelns enorm. Wie Sartre und die meisten ihrer Generationsgenossen glaubt sie, die öffentliche Meinung in ihrem Sinne steuern zu können ohne eine Gegenleistung erbringen zu müssen. Besonders in politischer Hinsicht versuchen beide, die Medien für ihre Anliegen zu nutzen, was ihnen nur selten gelingt. Zwar haben sie zeitweise sogar eine eigene Radiosendung und verfügen mit *Les Temps Modernes* über eine eigene Zeitschrift, aber sie erreichen damit meist nur einen recht abgezirkelten Kreis von Leuten, die ohnehin der gleichen Meinung wie sie sind. Ob es Auseinandersetzungen um die kommunistische Partei sind, der sich Sartre immer mehr annähert, obwohl er die stalinistischen Verbrechen verabscheut, oder der Algerienkrieg, in den sich Frankreich unter General de Gaulle immer tiefer verstrickt: Jean-Paul Sartre und mit ihm Simone de Beauvoir beziehen in der Öffentlichkeit deutlich Stellung gegen die Mehrheitsmeinung und geraten zunehmend unter Beschuss. Simone de Beauvoir hasst politische Versammlungen, sie öden sie an und wenn immer es möglich ist, entzieht sie sich ihnen. Doch Sartre hört nicht auf, sich gegen Ungerechtigkeiten in der ganzen Welt zu stemmen. Je verstaubter seine philosophischen Gedanken der neuen intellektuellen Generation wie Jacques Lacan, Jacques Derrida oder Roland Barthes erscheinen, desto lauter erhebt Sartre seine Stimme in der politischen Arena.

Der Kontakt zwischen Simone de Beauvoir und Nelson Algren droht nach dem Erfolg von *Die Mandarins von Paris* indessen erneut abzureißen. Sie will das nicht zulassen. Immer wieder schreibt sie ihm liebevolle Briefe, die er nicht oder nur selten beantwortet. Wenn sie von ihren Reisen mit Sartre nach China oder in die Sowjetunion zurückkehrt, hofft sie, in ihrem Pariser Briefkasten etwas von ihm vorzufinden. Meist vergeblich. Im Januar 1957 schreibt sie ihm:

»Ich hoffe immer noch, dass wir uns wieder sehen. Ich selbst habe mich verändert. Ich war eine jung aussehende Frau mittleren Alters, bin jetzt fast alt und sehe überhaupt nicht mehr jung aus. Sie werden überrascht sein, wenn Sie mich sehen. Honey, es ist fast *zehn* Jahre her, seit wir uns zum ersten Mal in Chicago getroffen haben. Eine lange, lange Zeit. Und doch wird sie meinem Herzen nie fern sein.«

Sie schreibt ihm davon, dass ihr gerade abgeschlossenes Buch über China »nicht besonders gut« sei. Es gilt tatsächlich als politisch naiv und wird als ein Beleg für die politische Verblendung Sartres und Beauvoirs gelesen. Sie sieht ein: »Jedenfalls habe ich nicht viel von mir hineingelegt.« Ganz anders sieht es mit ihrer Autobiografie aus, deren erster Teil im Jahr darauf veröffentlicht wird. Sie schreibt Algren:

»Ich fange jetzt mit etwas ganz anderem an: Kindheits- und Jugenderinnerungen, wobei ich versuche, nicht nur zu erzählen, sondern zu erklären, wer ich war, wie ich die Person geworden bin, die ich bin, im Zusammenhang mit der Lage, in der sich die Welt, in der ich lebte, befand und befindet.«

Da Beauvoir ihre Briefe an Algren in Englisch schreibt, mutet ihre Sprache im Vergleich zu ihren Büchern einfach an, aber nie simpel. Es gelingt ihr sogar in den Briefen manchmal besser, die Dinge auf den Punkt zu bringen, als in ihren Büchern.

Als sie 1972 den letzten der vier Bände ihrer Lebenserinnerungen veröffentlicht, ist sie 64 Jahre alt. Die Bilanz, die sie in den Büchern über ihr Leben zieht, ist keineswegs nur positiv. Immer wieder schreibt sie über Niederlagen, Irrtümer, Umwege. Besonders ihr politisches Engagement an der Seite Sartre, das sie ohnehin nur aufbringt, um ihn zu unterstützen, zeitigt wenig Erfolge.

Zeitweise befinden sich die beiden sogar in Lebensgefahr. 1961 wird auf Sartres Wohnung von politisch rechts stehenden Gegnern ein Bombenanschlag verübt.

Auf der persönlichen Ebene sind die Aussagen in den autobiografischen Schriften uneindeutig. Ihre Beziehung zu Sartre bewertet sie trotz aller Einschränkungen als Erfolg. Sie hat es ihr letztlich ermöglicht, ein Leben als Schriftstellerin zu führen, auch wenn der Preis hierfür hoch war. Die beiden verbindet eine tiefe Liebe und nach vielen gemeinsam verbrachten Jahre eine große Loyalität. Was Sartre nicht daran hindert, eine seiner jungen Geliebten, die aus Algerien stammende Arlette El Kaim, zu adoptieren. Nach seinem Tod 1980 wird sie daher alles erben, auch die Rechte an seinen mit Beauvoir erarbeiteten Manuskripten. Beauvoir bleibt nichts anderes übrig als bei El Kaim, die nun El Kaim-Sartre heißt, um ein paar Bücher zu betteln, die ihrem Vater gehört hatten und sich nun im Nachlass Sartres befinden.

Simone de Beauvoirs größter Erfolg ist jedoch ihrem Einsatz für die Rechte der Frauen zuzuschreiben. Das sieht sie selbst im Rückblick nicht anders, denn besonders in den siebziger und achtziger Jahren wird sie große Anerkennung als *Grande Dame* der Frauenbewegung erleben. Sie gilt den engagierten jungen Frauen als Vorbild und sie verehren sie. Ihre Stimme hat Autorität und Gewicht. Ihre Rolle ist so prägend für die französischen Feministinnen, dass die Verehrung nach ihrem Tod teilweise in radikale Ablehnung umschlägt, mit der sie sich von der Übermutter zu emanzipieren glauben.

1960 liegen diese Auseinandersetzungen noch in weiter Ferne. Simone de Beauvoir kehrt im Mai von einer Reise mit Sartre nach Kuba, wo sie Fidel Castro empfangen hatte, in ihre Pariser Wohnung zurück. Sie ist sehr aufgeregt. In der Wohnung wartet seit zehn Tagen Nelson Algren auf sie. Es ist ihr erstes Wiedersehen nach zehn Jahren. Sie erwartet keineswegs, dass alles wieder so sei wie früher.

Beauvoir (Mitte) bei einem Treffen mit Feministinnen 1985. (Von links nach rechts: Colette Ausdry, Kate Millett, S.d.B., Anne Zelensky, Yvette Roudy, Sylvie le Bon de Beauvoir)

Als er die Tür öffnet, erkennt er sie nicht, denn er hat seine Kontaktlinsen in Amerika vergessen. Sie ist gerührt, er ist gerührt und es dauert Tage, bis sie sich aneinander gewöhnt haben. Tatsächlich finden sie zu ihrer alten Intimität zurück, nennen sich wieder »Froschfrau« und »Krokodilmann«. Algren bleibt sechs Monate. Es dauert nicht lange und die alten Konflikte treten mit aller Macht wieder in Erscheinung. Algren fordert den ersten Platz im Leben Beauvoirs ein, nichts und niemand sollen wichtiger sein als er. Das kommt für Beauvoir nicht in Frage, die sich um die Angelegenheiten Sartres kümmert, ihre eigene Arbeit vorantreibt und sich zunehmend der Sache der Frauen verschreibt. Letzteres ändert auch ihre persönliche Sicht auf den Machismo ihrer beiden geliebten Männer. Sie weigert sich, ihren Tagesablauf zu ändern, um sich Algren widmen zu können. Zwar kümmert sie sich nach wie vor um Sartre, doch ihre Opferbereitschaft kennt Grenzen: Als er nach einem Zusammenbruch das Bett hüten muss, wechseln sich seine Frauen bei der Pflege ab, nur Beauvoir gehört nicht zum Team.

Algren trinkt viel, macht Szenen, verlangt Entscheidungen. Beauvoir ignoriert ihn. Sie gibt Sartre den Vorzug: Als er nach Brasilien eingeladen wird, um dort Vorträge zu halten, verlässt sie ohne Zögern die Rue Schoelcher, um Sartre zu begleiten. Sie wird Nelson Algren nie wieder sehen.

Im Rückblick erkennt Algren, wie sehr sich Beauvoirs Leben bei seinem zweiten Besuch nach zehn Jahren verändert hat. 1950 hatte er erlebt, wie sie mit *Das andere Geschlecht* Hohn und Spott auf sich gezogen hatte. Bei aller Verbitterung über das Scheitern ihrer Beziehung klingt Achtung vor ihrer Arbeit und ihrem öffentlichen Ansehen mit, wenn er sich an seinen zweiten Besuch 1960 erinnert:

> »Es gab kein Gelächter mehr: Sie war gefürchtet. Sie hatte die Bollwerke der Bourgeoisie gelöchert, ebenso die der Kirche, der Wirtschaftswelt, der rechtsgerichteten Apologeten napoleonischer Glorie und der Journaille. Sie war die meistgehasste und meistgeliebte Frau Frankreichs. Man hatte begriffen: Sie meinte es ernst.«

Françoise Sagan – Charmantes Biest

Susanne Nadolny

Die höhere Tochter tut nichts *comme il faut*. Ihre Sportwagen fährt sie angeblich barfuß und immer zu schnell. Sie trinkt Bier aus der Flasche und Whisky in Mengen, verdient Millionen und verjubelt das Geld. Ihr Leben inszeniert sie als Dauerparty in den Clubs und Casinos von Paris, St. Tropez und Deauville. Gearbeitet wird nachts, geschlafen bis mittags. Sie spielt leidenschaftlich gern und immer mit hohem Risiko. Sie glaubt an die große Liebe, mehr noch an die Freiheit, schließt zweimal den Bund fürs Leben und löst ihn schleunigst wieder auf. Alkohol, Drogen und das leidige Thema Steuern bringen sie in die Schlagzeilen und vor Gericht. Sie kennt *Tout Paris* und alle Welt, trifft sich mit Sartre und mit Mitterrand, schreibt Chansons für Gréco und beeindruckt Simone de Beauvoir, mit der sie die gutbürgerliche Herkunft und die Verachtung für das Hausfrauendasein teilt. »Alles in allem fand ich Whisky, Ferraris und Glücksspiel unterhaltsamer als Strickzeug, Haushalt und Ersparnisse.«[1]

Zur Freiheit fühlt sie sich nicht verdammt, sondern berufen. Die Risiken nimmt sie willig in Kauf. Dreimal bereiten Journalisten ihren Nachruf vor, dreimal landet er in der Schublade. Sie schreibt ihn vorsorglich selber, kurz, knapp, lakonisch, à la Françoise Sagan:

> »Wurde 1954 mit einem schmalen Roman berühmt, *Bonjour tristesse,* der für einen weltweiten Skandal gesorgt hatte. Nach einem Leben und einem Werk, die genauso angenehm wie verpfuscht waren, war ihr Tod nur noch für sie selbst ein Skandal.«

Signierstunde im
Verlag Julliard, 1959.

41

So frei und unkonventionell wie Françoise Sagan lebt, schreibt sie auch, unabhängig von jeder Mode und Doktrin, mit sprichwörtlichem Gleichmut: »Das ist mein Metier, ich schreibe, und ich liebe das, und ich lebe davon ausgezeichnet.«[2] Ein halbes Jahrhundert lang füllt Françoise Sagan mit verrückten Eskapaden und rekordverdächtigen Buchauflagen die Spalten von Boulevard und Feuilleton, die dem Phänomen Sagan von Beginn an staunend gegenüber stehen.

Im Januar 1954 ist Paris von eisiger Kälte überzogen. An einem dieser Tage, die man am liebsten den Alltag schwänzend im warmen Bett verbringen möchte, klingelt in einer der hochherrschaftlichen Wohnungen am Boulevard Malesherbes im noblen 17. Arrondissement am späten Vormittag das Telefon. »Mademoiselle schläft und möchte nicht gestört werden«, erklärt Julia, das Hausmädchen der Familie, höflich, aber bestimmt dem Anrufer, der leicht verärgert darauf drängt, Mademoiselle Quoirez möge ihn doch bitte umgehend zurückrufen, sobald sie aufgestanden sei. Gewissenhaft notiert das Mädchen: Françoise: Bitte Monsieur Julliard zurückrufen. Dringend!

René Julliard ist Verleger. Ein erfolgreicher dazu, allein dreimal hat er bereits den begehrten *Prix Goncourt* einheimsen können. An diesem Morgen war er schon sehr früh in das Pariser Verlagshaus in der Rue de l'Université Nr. 30 gekommen. Bis in die frühen Morgenstunden hatte ihn ein Manuskript wach gehalten, das ihm sein gestrenger Cheflektor mit ungewohnter Dringlichkeit ans Herz gelegt hatte. Mehr als gespannt, welche Bekenntnisse einer Achtzehnjährigen sich hinter dem poetischen, bei Paul Éluard entlehnten Titel *Bonjour tristesse* verbergen würden, hatte er spät am Abend die erste Seite aufgeschlagen.

»Ich zögere, diesem fremden Gefühl, dessen sanfter Schmerz mich bedrückt, seinen schönen und ernsten Namen zu geben: Traurigkeit. Es ist ein so ausschließliches, so egoistisches Gefühl, daß ich mich seiner fast schäme – und Traurigkeit erschien mir immer als ein Gefühl, das man achtet. Ich kannte es nicht; ich hatte Kummer empfunden, Bedauern und manchmal Reue. Jetzt hüllt mich etwas ein wie Seide, weich und ermattend, und trennt mich von den anderen.«[3]

Noch bevor er den ersten Absatz zu Ende gelesen hatte, war Julliard fest entschlossen, sich um dieses Mädchen ab sofort höchstpersönlich zu kümmern! An Schlaf war nicht mehr zu denken. Eile schien geboten. Früh am Morgen gab er ein Telegramm in Auftrag: »Erwarte Sie dringend um elf Uhr im Verlag«. Um elf Uhr wartete er allerdings vergebens.

Um die gleiche Zeit räkelte sich Mademoiselle Françoise Quoirez, deren Manuskript Julliard um den Schlaf gebracht hatte, wohlig in ihrem Bett und dachte nicht im Traum daran, dass der ‚alberne Kram‘, den sie sich im Sommer zuvor ausgedacht hatte, einen gestandenen Verleger dermaßen in Aufruhr versetzt haben könnte. Die ehemalige Klosterschülerin war 18 Jahre alt, hatte mit Ach und Krach ihr Abitur geschafft und war bereits im ersten Jahr ihres Literaturstudiums gescheitert. Statt durch die ehrwürdigen Hörsäle der Sorbonne zog sie viel lieber durch die Bars und Cafés am linken Seine-Ufer. *Faire la fête* war bei der Jugend gerade angesagt, zumindest bei dem Teil, der es sich leisten konnte. Françoise hatte doppelt Glück, neben dem nötigen Kleingeld hatte sie einen Bruder, zehn Jahre älter als sie und willig, die Rolle des Begleiters zu übernehmen. Als Aufpasser taugte er allerdings wenig, war er es doch, der die kleine Schwester auf den Geschmack von Alkohol und Zigaretten, durchtanzten Nächten und kleinen Liebeleien brachte. Ob Sidney Bechet im Jazzclub »Le Vieux-Colombier«, Boris Vian oder Django Reinhardt im »Club St-Germain« oder Charles Aznavour und Juliette Gréco im »Rose Rouge«, Jacques war bestens informiert, was bei der intellektuellen Jugend gerade *en vogue* war. Mit einer Clique von Freunden zogen

Die junge
Schriftstellerin.

die Geschwister durch die verräucherten Clubs zwischen Saint-Germain-des-Prés und Montparnasse, tanzten Jitterbug, Be Bop und Boogy Woogy, bis ihnen die Füße schmerzten, bewunderten im Café »Deux Magots« von weitem die Existentialistenclique um Sartre und Beauvoir und entdeckten im »Coupole« den Dichter Louis Aragon und seine Frau Elsa Triolet. Schriftsteller oder Dichter müsste man sein, hatte sich Françoise an mehr als einem dieser Abende gedacht.

Ihre akademischen Ambitionen hatten sich schnell verflüchtigt, sofern sie überhaupt je vorhanden waren, und so sehr sie sich auch den Kopf zerbrach, Françoise wollte partout keine Alternative einfallen. Was, um Himmels Willen, konnte sie wirklich gut und was machte ihr am meisten Spaß? Autofahren, fiel ihr spontan ein. Sie fuhr leidenschaftlich gern, schon seit ihrem achten Lebensjahr, als ihr Vater, ein passionierter Sportwagenfahrer, sie das erste Mal ans Steuer gelassen hatte. Aber was für ein Beruf sollte das sein? Nein, wie sie es auch drehte und wendete, sie kam immer wieder auf die Literatur zurück. Wenn ihre Schulkarriere auch eher unrühmlich verlaufen war, so hatte sie für ihre schriftlichen Arbeiten doch hin und wieder ein Lob einheimsen können, ganz besonders für ihre Abiturarbeit im Fach Französisch mit dem Thema »Spuren der klassischen Tragödie im wirklichen Leben«, ein Thema, das ihr lag. Kurz entschlossen schnappte sich Françoise eines ihrer blauen Schulhefte, verkroch sich in der hintersten Ecke eines Cafés in Saint Germain und begann, inmitten von bitter-süßen Jazztönen und existentialistischen Sinnfragen, mit ungewohnter Zielstrebigkeit einen ihrer brillantesten Aufsätze zu verfassen. Nach genau zehn Wochen setzte sie den Schlusspunkt unter den Roman: *Bonjour tristesse*.

Am 17. Januar 1954 klingelte um fünf Uhr nachmittags eine ausgeschlafene junge Dame an der Tür des ungeduldig wartenden Verlegers Julliard. Überrascht, obwohl er nicht zu sagen vermocht hätte, was er eigentlich erwartet hatte – jedenfalls nicht diese merkwürdige Mischung aus scheuem Reh und stolzem Raubtier – bat er das junge Mädchen herein. Dass sie sich kurz zuvor ein großes Glas Cognac genehmigt hatte, merkte er ihr nicht an. 1,65 Meter groß und schmal, fast schon mager, wirkte sie in dem etwas zu groß geratenen Mantel ein bisschen verloren. Ihr ungeschminktes Gesicht wurde von einem strubbeligen Pagenkopf eingerahmt, der nicht ganz zu ihrer übrigen Erscheinung passte. Ihre Kleidung war unauffällig, aber teuer: flache Ballerinas, schmaler, enger Rock, Kaschmirpullover, Perlenkette.

Als er ihr etwas zu trinken anbot, entschied sie sich für »Whisky, am liebsten Johnny Walker« und leerte das Glas in einem Zug. Eine volle Schachtel Zigaretten, Marke Chesterfield ohne Filter, hatte sie selbst mitgebracht. Als die beiden sich trennen, ist die Packung leer und Julliard entzückt. Drei Stunden hatte er sie einem regelrechten Verhör unterzogen, begierig, alles über dieses seltsame Geschöpf zu erfahren.

Das Mädchen gefiel ihm. Sie war ausgesprochen intelligent, schlagfertig, originell. Ihre Augen waren hellwach, manchmal scheu und melancholisch, dann wieder spöttisch, bisweilen ironisch. Sie lachte gern und viel, am liebsten über sich selbst, und war von einem natürlichen, fast altmodischen Charme. Sie habe immer nur Schriftstellerin werden wollen, sagte sie, und könne sich nichts anderes vorstellen. Und wenn sie dabei auch noch reich und berühmt würde – *tant mieux!*

Julliard war sich hundertprozentig sicher, das junge Talent entdeckt zu haben, von dem ein jeder Verleger träumt, und schlug ihr einen Vertrag über fünf weitere Romane vor, den sie ohne zu zögern unterschrieb. Die Geldfrage war schnell geklärt. 25 000 Francs Vorschuss, forderte sie kühn. Julliard gab ihr das Doppelte.

Noch am gleichen Abend beichtet Françoise die Geschichte ihren Eltern, die die literarischen Ambitionen ihrer jüngsten Tochter bisher nicht sonderlich ernst genommen haben. Amüsiert und nicht ohne beifälliges Staunen lesen Monsieur und Madame Quoirez, was Françoise im Sommer zuvor innerhalb von nur wenigen Wochen verfasst hat. Ihr Einverständnis zur Veröffentlichung erteilen sie allerdings nur unter der Voraussetzung, dass der Familienname nicht in Erscheinung treten würde. Schließlich sei er in der Pariser Bourgeoisie hinlänglich bekannt und es müsse sich ja nicht unbedingt herumsprechen, welch frivole Geschichten ihre Jüngste zu ersinnen imstande sei.

Zwei Monate später, am 15. März 1954, erscheint der Roman *Bonjour tristesse* im Verlag Julliard. Seitenzahl: 188, Titelblatt: schlicht, Name der Autorin: Françoise Sagan – ein Pseudonym hatte sich schnell gefunden. Beim Durchblättern eines Bandes ihres Lieblingsschriftstellers Proust stieß Françoise auf den Namen der Princesse Boson de Sagan, einer Prinzessin und Halbweltdame. Françoise de Sagan. Das klang ziemlich gut. Françoise Sagan klang noch besser. Ihre Eltern nickten beifällig. Der Name einer Prinzessin, das passte zu ihr.

Kiki oder Francette, wie sie von klein auf genannt wurde, war das Nesthäkchen der Familie, ein heiß ersehntes Wunschkind, mit dem Marie und Pierre Quoirez dreizehn Jahre nach der Geburt der Tochter Suzanne und zehn Jahre nach der Geburt ihres Sohnes Jacques kaum noch gerechnet hatten. Kindermädchen und Geschwister lasen der Kleinen jeden Wunsch von den Augen ab. Mit liebevoller Strenge bemühten sich die Eltern, dem unbändigen Freiheitsdrang ihrer Jüngs-

Titelblatt der Erstausgabe.

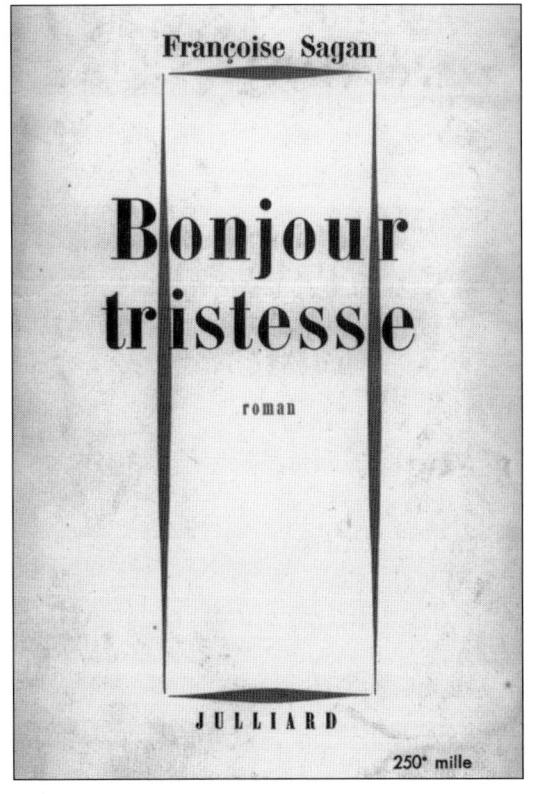

Françoise Sagan

Bonjour tristesse

roman

JULLIARD

250ᵉ mille

ten so weit wie möglich nachzugeben, ohne die standesgemäße großbürgerliche Erziehung zu vernachlässigen, zu der nun einmal auch gewisse Pflichten gehörten. Die Schulzeit war für Françoise eine einzige Qual. Klosterschule, Internat, Mädchenpensionat – mehr als einmal wurde die aufmüpfige Schülerin der Schule verwiesen, zum Leidwesen ihrer Mitschüler, die sich über ihre bissigen Kommentare und mutigen Streiche blendend amüsierten.

Wirklich frei fühlte sich Françoise nur in den Ferien, die sie auf dem Landgut ihrer Großmutter in Cajarc im Südwesten Frankreichs verbrachte, wo sie am 21. Juni 1935 zur Welt gekommen war. Hier durfte sie tun und lassen, wonach ihr gerade der Sinn stand: Reiten, Tennis spielen, mit den Hunden tollen, klettern, toben, raufen. Und so oft wie möglich stieg sie auf den stickigen Dachboden hinauf, wo die aus der Bibliothek verbannten – verbotenen – Bücher der Familie aufbewahrt wurden, und ging hier ungestört auf literarische Entdeckungstour. Begeistert las sie der Reihe nach Proust, Stendhal, Gide, Camus und Sartre, dessen Roman *Der Ekel* sie geradezu verschlang.

Und dann stieß sie auf die Dichter – Baudelaire, Rimbaud, Mallarmé, Éluard –, lernte Wörter wie *ennui, spleen* und *tristesse* und erfuhr, dass das ihr wohl bekannte Ungenügen an der Welt, diese Mischung aus Schwermut, Langeweile und Lebensüberdruss, Quelle dichterischer Inspiration sein konnte, dass Künstler aus dieser Melancholie zu schöpfen vermochten.

Als Françoise an jenem 17. Januar das Haus ihres Verlegers als frischgebackene Autorin verließ, platzte sie fast vor Stolz. Sie konnte es kaum erwarten, ihren Freundinnen *en détail* von ihrem Erfolg zu berichten. Tänzelnd und trällernd betrat sie das Café de Flore. »Bestellt schon mal eine Runde Whisky. Bald werde ich eine berühmte Frau sein. Ich werde Jaguar fahren und Pelzmäntel tragen.« Einstweilen musste sie sich noch mit dem schwarzen Buick ihres Vaters begnügen, den sie auch ohne Führerschein leidenschaftlich gern fuhr, doch wenige Monate später saß sie tatsächlich in ihrem ersten Jaguar, einem knallroten Cabriolet XK 140, gekauft – wenn auch gebraucht – von ihrem ersten selbst verdienten Geld und bezahlt in bar. Und auch den ersehnten Pelzmantel gönnte sie sich und der Mutter gleich mit.

Ihr Verleger Julliard beglückwünschte sich. Alles hätte nicht besser laufen können. Wenige Tage nach Auslieferung war die Erstauflage von 4 500 Stück vergriffen, 3 000 Exemplare wurden schnellstens nachgedruckt, dann 25 000, im Sommer 1954 noch einmal 50 000, am Ende des Jahres waren es 200 000, ein Erfolg, der seinesgleichen suchte.

Der Roman *Bonjour tristesse* erzählt die Geschichte der siebzehnjährigen Cécile, die mit ihrem Vater Raymond die Sommerferien an der Riviera verbringt. Die unbeschwerten Ferien sind vorbei, als die gutaussehende Modedesignerin Anne, eine Freundin der verstorbenen Mutter Céciles, dazustößt und Raymond sich in sie verliebt. Als die beiden heiraten wollen, ersinnt Cécile eine Intrige, der Anne zum Opfer fällt. Mit ihrer eigenartigen Mischung aus bittersüßer Melancholie, schamloser Offenheit und unbeschwerter Lebenslust gelingt es Sagan, ein Lebensgefühl einzufangen, das ihre Altersgenossen, die von Rebellion und Sittenlockerung gerade mal zu träumen beginnen, als das Ihre wiedererkennen. Zu ihrem eigenen Erstaunen erklärt man die Verfasserin kurzerhand zur Wortführerin einer gelangweilten *jeunesse dorée,* die das als sinnlos empfundene Dasein mit einem Hedonismus ohne Reue zu füllen gedachte. Françoise Sagan schlägt neue literarische Töne an, die man so noch nicht gehört und von einem Mädchen ihres Alters erst recht nicht erwartet hatte. Die zynische Abgeklärtheit der achtzehnjährigen Literatin, mit der sie es wagt, ein ›verderbtes‹ Milieu als durchaus sympathisch darzustellen, schockiert und fasziniert ihre Leser gleichermaßen.

Die Meinungen der Kritiker sind geteilt. Niemand konnte ernsthaft leugnen, dass das Buch glänzend geschrieben war, in einer Sprache voller Leichtigkeit und Eleganz, die weitere Meisterwerke erhoffen ließ. Man gesteht der jungen Autorin zu,

eine ganz eigene und unverwechsel-
bare Sprache gefunden zu haben, eine
petite musique, so die spätere und von
ihr selbst nicht gerade geschätzte Apos-
trophierung des Sagan'schen Stils, dem
sie in mehr als fünfzig Veröffentlichungen, Romanen, Erzählungen, Theater-
stücken, Drehbüchern und autobiografischen Texten treu bleiben wird. Doch
in puncto Moral gehen die Meinungen
auseinander. Tatsächlich haftet *Bonjour
tristesse* ein Hautgout an, den es erst nach
und nach verliert. Erst als *Le Monde* den
schmalen Roman der Debütantin als
»das literarische Ereignis der Saison«
feiert, ist er endgültig lanciert, selbst in

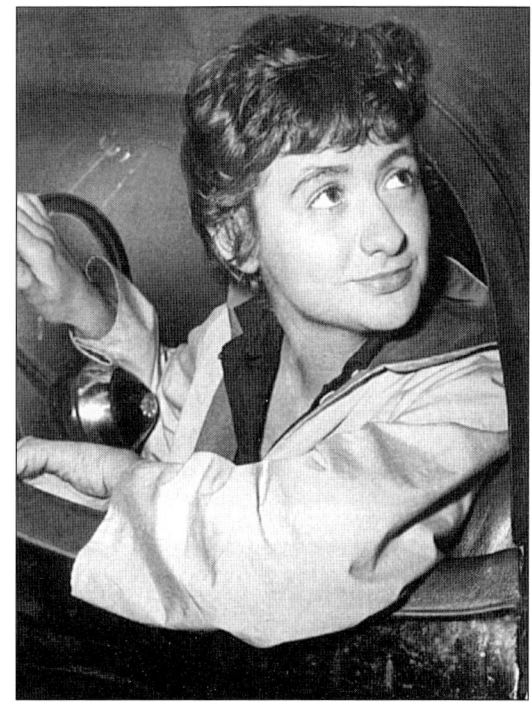

Françoise Sagan am Steuer ihres Jaguars.

Kreisen, die sich bis dahin gefragt hatten, warum um alles in der
Welt man sich eine derartige Dekadenz zu Gemüte führen sollte.

Nur zwei Monate nach Erscheinen von *Bonjour tristesse* entscheiden die führenden Literaturkritiker Frankreichs, den renommierten *Prix des Critiques* des Jahres 1954 Françoise Sagan zuzu-
sprechen. Das Preisgeld in Höhe von 100 000 Francs wird ihr
auf besonderen Wunsch in bar ausgezahlt, schließlich darf sie als
Minderjährige keine Schecks einlösen geschweige denn ausstellen.
Die Preisverleihung findet im Juni 1954 in festlichem Rahmen
statt. Für die Fotografen und Journalisten ist das junge Mädchen,
das in ihrem grauen Kleid mit Perlenkette und Handschuhen ganz
die höhere Tochter mimt und dabei bereitwillig und unbefan-
gen über Liebe und Freiheit parliert, ein gefundenes Fressen. Der
Rummel scheint ihr nicht viel auszumachen, gleichmütig lässt sie
sich von Pressetermin zu Pressetermin schleifen, zeigt sich brav
auf Dinnerpartys, die ihr zu Ehren stattfinden, liest vor einem
begeisterten Publikum aus ihrem Werk und signiert stapelweise
Bücher. Dass es eine Schattenseite dieses lang ersehnten Ruhmes

geben könnte, kommt ihr zu dieser Zeit noch nicht in den Sinn. Bald darauf treffen in der elterlichen Wohnung körbeweise Bettelbriefe ein. Wildfremde Menschen gebärden sich urplötzlich als ihre besten Freunde und schließlich entdeckt auch die Boulevardpresse den neuen Star der Pariser Literatenkreise. Kaum eine Woche vergeht, ohne dass über sie in irgendeiner Zeitung berichtet wird. Ihr Vater, der begonnen hatte, jeden Bericht über die berühmte Tochter fein säuberlich auszuschneiden und zu sammeln, kommt schon bald nicht mehr nach.

Elf Jahre später gibt die Dreißigjährige in einem Fernsehinterview zu Protokoll:

> »Wenn ich das alles lese, was in der Klatschpresse über mich geschrieben wird, ich hätte wahrlich keine Lust, mich kennen zu lernen«.[4]

Zu dieser Zeit hat sie längst entschieden: »Ich trage meine Legende wie einen Schleier«.

1965 hat sie Ihren Vertrag mit Julliard bereits erfüllt. Sechs Romane sind erschienen, zwar von unterschiedlicher Qualität, aber allesamt mit durchschlagendem Erfolg. Ihr ausschweifendes Leben nimmt in Buchkritiken inzwischen mehr Raum ein als der literarische Gehalt ihrer Texte. Genauestens pflegt die Presse zu protokollieren, ob sie derzeit italienische oder britische Sportflitzer bevorzugt, welcher Mann häufiger als andere an ihrer Seite gesichtet wird und in welchem Nachtclub ihr der Whisky besonders gut schmeckt. Wie oft war sie schon innerhalb von Paris umgezogen? Wie viel Geld hatte sie in Spielcasinos verjubelt? Ihr Leben ist den Journalisten mehr als eine Titelstory wert, nicht nur in Frankreich, sondern auch im Ausland, wo ihre Werke unmittelbar nach Erscheinen als Übersetzung vorliegen. 1958 widmet der *Spiegel* der »junge(n) Dame, die neben der Chansonsängerin Edith Piaf, dem Camembert und dem Parfüm ›Chanel No. 5‹ als Frankreichs erfolgreichstes Export-Produkt gilt«, eine mehrseitige Story. Das

DER SPIEGEL

12. JAHRGANG • NR. 13
26. MÄRZ 1958 • 1 DM
ERSCHEINT MITTWOCHS
VERLAGSORT HAMBURG

ZEIGT HER EURE KÜSSCHEN
Françoise Sagan (siehe „Schriftsteller")

Titelfoto zeigt sie barfuß und windzersaust in einem Cabrio vor mediterraner Kulisse, ganz so, wie die Legende es sich wünscht. Wer so lebte, ist sich ein Großteil der Kritik sicher, und wer dieses Leben auch seinen Romanhelden zugestand, konnte wohl kaum eine ernsthafte Autorin sein. Françoise Sagan hatte es da längst aufgegeben, in Zeitschriften nach einem Bild zu fahnden, das in etwa dem entsprach, das sie selbst von sich hatte. Die Freiheit, zu tun und zu lassen, was ihr gefiel, war Teil ihres Luxus. Die Moralapostel konnten ihr gestohlen bleiben. In ihrem Roman *Blaue Flecken auf der Seele,* in dem sie selbst als Kommentatorin des Geschehens auftritt und den sie als ihren persönlichsten bezeichnete, schreibt Sagan:

> »Meine einzige Lösung, zu der ich mich lebhaft beglückwünsche, war zu tun, wozu ich Lust hatte: feiern. (…) Nun ja, was kann ich schon dafür. Mich hat es immer gereizt, mein Leben zu verbrennen, zu trinken, mich zu betäuben. Und wenn mir das gefällt, mir selbst, dieses lächerliche und sinnlose Spiel in unserer lumpigen, schmierigen und grausamen Epoche, die mir jedoch durch einen erstaunlichen Zufall, zu dem ich sie lebhaft beglückwünsche, die Mittel verschafft hat, ihr zu entkommen. Oh, oh!«[5]

Françoise Sagans selbstbewusst freizügige Feder gefällt nicht nur den Franzosen. *Bonjour tristesse* entpuppt sich als Exportschlager, wird in mehr als 20 Sprachen übersetzt und verkauft sich allein in Amerika im ersten Jahr nach Erscheinen eine Million mal. Als Françoise Sagan 1955 nach Amerika reist, wird für »Miss Tristesse« dort der rote Teppich ausgerollt. Schon am Flughafen wird sie von einer riesigen Journalistentraube erwartet, die sich mit Kameras und Mikrofonen bewaffnet auf die knapp Zwanzigjährige stürzt, um sie alsbald den amerikanischen Lesern als Sex-Expertin und

Spezialistin in Frauenfragen zu empfehlen. Noch mehr staunt Françoise Sagan, als sie inmitten der Menge ein bekanntes Gesicht entdeckt, das Gesicht eines Mannes, der auf erstaunliche Weise den graumelierten Helden ihrer Romane gleicht. Guy Schœller ist Verlagsdirektor, ein passionierter Reiter und Großwildjäger, geschieden und Vater einer zwölfjährigen Tochter, ein Mann, der die Frauen liebt, besonders die jungen, die gutaussehenden, und den man häufig an der Seite erfolgreicher Mannequins und Schauspielerinnen sieht. Die beiden hatten sich kurz nach Veröffentlichung ihres Erstlingswerks bei einem Diner in

Mit ihrem ersten Ehemann Guy Schœller.

Paris kennen gelernt. Guy Schœller stellt sich Françoise Sagan als Begleiter und Führer durch die Stadt New York zur Verfügung.

Françoise fühlt sich geschmeichelt und zugleich herausgefordert. Hatte sie nicht bereits ihrem literarischen Double Cécile die Worte in den Mund gelegt: »Ich hatte nicht viel übrig für die Jugend. Ich zog die Freunde meines Vaters vor, Männer von Vierzig, die mich mit ausgesuchter, fast gerührter Höflichkeit behandelten und mir mit einer Zartheit begegneten, in der etwas von einem Vater und etwas von einem Liebhaber war.«[6] Schon bald spekuliert die Klatschpresse über die bevorstehende Hochzeit des bekannten Verlegers und der erfolgsverwöhnten Jungautorin, die mit stoischer Regelmäßigkeit dementieren. Zwei Jahre nach ihrem New-York-Abenteuer macht Guy Schœller ihr tatsächlich einen Heiratsantrag – am Krankenbett, nachdem sie nur um ein Haar einem spektakulären Tod à la James Dean entgangen ist.

Mit ihrer rasanten Fahrweise pflegte Françoise Sagan sich nicht nur regelmäßig Strafmandate einzuhandeln, sondern auch etliche Unfälle, die sie meist ohne große Blessuren überstand.

Wann immer es ging, oft mitten in der Nacht, setzte sich die leidenschaftlich Auto fahrende Françoise hinters Steuer und fuhr mit halsbrecherischem Tempo aus Paris heraus.

> »Es ist ein präzises, erregendes und fast erhabenes Vergnügen, zu schnell zu fahren, schneller als der Zustand eines Wagens und einer Straße erlaubt (…) Geschwindigkeit ist weder ein Zeichen noch ein Beweis, noch ein Reiz, noch eine Herausforderung, sondern ein Elan des Glücks.«[7]

Am 14. April 1957 ist Françoise Sagan mit Freunden in ihrem neuesten Flitzer, einem Aston Martin, unterwegs. In einer Kurve verliert sie die Kontrolle über das PS-gewaltige Geschoss, das sich mehrmals überschlägt und sie anschließend unter sich begräbt. Blutüberströmt wird sie in das nächstgelegene Krankenhaus gebracht, wo man ihr kaum Überlebenschancen einräumt. Die letzte Ölung, die man ihr sicherheitshalber zugesteht, kommt dann allerdings doch noch zu früh. Françoise Sagan überlebt mit etlichen Rippenbrüchen und schwersten Verletzungen. Die Schmerzen lernt sie mit Hilfe von Morphium zu ertragen, das man ihr gern und reichlich gibt. Drei Monate später ist sie abhängig. Drogen werden von dieser Zeit an einen festen Platz in ihrem Leben haben, auch wenn sie dagegen ankämpft und sich einem schmerzhaften, in ihrem Journal *toxique* protokollierten Entzug unterzieht.

Als Françoise Sagan nach dem Unfall aus der Bewusstlosigkeit erwacht, steht Guy Schœller an ihrem Bett und hält ganz offiziell um ihre Hand an. Die beiden heiraten am 13. März 1958 im Bürgermeisteramt des 17. Arrondissements von Paris. Nur zwei Jahre später geben sie die Trennung bekannt. Gründe gab es genug und doch nur den einen: Die Gegensätze, die ihnen zunächst so reizvoll erschienen, erwiesen sich letztendlich als unüberbrückbar. Wenn er frühmorgens ins Büro ging, kam sie gerade von irgendeiner Party nach Hause. Während sie in der großzügigen Acht-

Zimmer-Wohnung gern alles herumliegen ließ, bestand er auf Ordnung. Da Françoise Sagan Zeit ihres Lebens nicht in der Lage war, auch nur ein Spiegelei zuzubereiten, gab es selbstverständlich Hauspersonal, doch nicht einmal auf gemeinsame Gerichte vermochte man sich zu einigen. Er bevorzugte traditionelle französische Küche, sie war mehr fürs Exotische. Es gab nur einen Punkt, in dem das Paar gleichzog: So wie er nicht bereit war, auf seine amourösen Abenteuer zu verzichten, so war es auch für sie selbstverständlich, mit ihrer üblichen Freundesclique loszuziehen, ihrer »Familie des Zufalls«, wie sie selbst es nannte.

> »Ich hatte immer sehr liebe, aber auch unerbittliche Freunde, die von meiner Schreiberei nicht sonderlich beeindruckt waren. Ich mußte aus diesem Kreis stets eher mit bissigen Kommentaren als mit Bewunderung rechnen, und diesen ehrerbietigen und begeisterten Hof von lobhudelnden Schmarotzern, den man mir bisweilen angedichtet hat – ich gestehe, es gab schon Tage, da habe ich ihn mir wirklich erträumt.«[8]

Françoise Sagan und Guy Schœller verband nach ihrer Scheidung eine herzliche Freundschaft, die ein Leben lang anhielt. Françoise Sagans sprichwörtliche Großzügigkeit ging in Herzensangelegenheiten ebenso weit wie in materiellen Dingen. Stets war sie bereit, jemandem aus der Patsche zu helfen, der gerade in Geldnöten war. Und wen sie einmal in ihr Herz geschlossen hatte, der blieb dort für immer.

»Literatur und Leben begannen sich zu vermischen«[9], so sah Françoise Sagan selbst die Zeit ihrer frühen – und ihrer größten – Erfolge. Mochte sich die Klatschpresse über die mondäne Aura, mit der sie sich umgab, auch das Maul zerreißen, ihre literarischen Ambitionen verlor sie zu keiner Zeit aus dem Auge. Ihre abendlichen Begegnungen dienen ihr als unerschöpflicher Fundus, aus dem sie die Figuren ihrer Romane formt: Intellektuelle und Künstler, junge Studentinnen und Frauen ‚zwischen den Jahren‘, erfolgreiche Geschäftsleute, Leute aus der Film- und Modebranche, Menschen, deren oftmals hohle Attitüden sie beobachtet und schonungslos beschreibt.

1956 erscheint Françoise Sagans zweites Buch *Ein gewisses Lächeln,* das weltweit mit großer Spannung erwartet wird. Wieder erzählt ein junges Mädchen, das sich aus Neugierde und Langeweile auf ein Liebesabenteuer mit einem zwanzig Jahre älteren verheirateten Mann einlässt. Was der enttäuschten Zynikerin am Ende bleibt: ein gewisses Lächeln und die lapidare Erkenntnis: »Ich war eine Frau, die einen Mann geliebt hatte. Eine simple Geschichte und kein Grund, sich aufzuspielen«[10], eine Erkenntnis, die die Autorin der Protagonistin bereits voraus hat. Ihr drittes Buch *In einem Monat, in einem Jahr* erscheint 1957 mit einer Rekordauflage von 250 000 Stück. »La Sagan« gilt inzwischen als Verkaufsgarantie. Die Zusammenarbeit mit ihrem Verleger Julliard erweist sich für beide Seiten als Glücksfall. Als Julliard 1962 stirbt, verliert Françoise Sagan nicht nur einen guten Freund, sondern zugleich einen zuverlässigen Berater und Mentor. Erst nach Julliards Tod beginnen ihre massiven Probleme mit der Steuerbehörde, die sie schließlich vor Gericht bringen werden.

Am 10. Januar 1962 heiratet Françoise Sagan ein zweites Mal. Bob Westhoff ist Amerikaner, 31 Jahre alt, ehemaliger Soldat, Cover-boy und Bildhauer, das genaue Gegenteil des distinguierten Geschäftsmannes Guy Schœller. Er ist bildschön und dem eigenen Geschlecht ein wenig mehr zugetan als dem anderen. Françoise ist schwanger. Und vielleicht auch verliebt. Bob, der gutaussehende Sonnyboy, scheint ihr vor allem einen ganz passablen Vater abzugeben für das Kind, das sie sich seit geraumer Zeit wünscht. Freiheitsliebe hin, Konvention her – sie entschließt sich zur Heirat, wohl wissend, dass ihre Mutter mit einem unehelichen Enkel große Probleme haben würde. Denis Westhoff wird am 26.

Juni 1962 geboren. Die Ehe seiner Eltern wird nach genau zwölf Monaten wieder geschieden, doch Françoise Sagan und Bob Westhoff leben weitere sieben Jahre mit ihrem Sohn in einer gemeinsamen Wohnung zusammen. Westhoff bleibt ein enger Freund und fürsorglicher Vater, auch nachdem er mit einem männlichen Lebenspartner zusammengezogen ist.

Mit ihrem zweiten Ehemann Bob Westhoff.

> »Keine Leidenschaft in meinem Leben hat länger gedauert als sieben Jahre. Es scheint, als würde sich der Körper alle sieben Jahre erneuern. Außerdem wird man allein geboren, man lebt allein und man stirbt allein. Daran kommt keiner vorbei und das ist alles andere als Luxus«.[11]

1973 trifft Françoise Sagan den Menschen, mit dem sie es länger als sieben Jahre aushalten wird. Sie heißt Peggy Roche, ist ehemaliges Star-Mannequin, Mode-Journalistin und Stylistin, schön, elegant, liebevoll, ein Wundermittel gegen die alten Bekannten Depression und Langeweile. War Françoise Sagan bis dahin amourösen Abenteuern mit einem oder auch mehreren Partnern beiderlei Geschlechts nicht abgeneigt gewesen, so ist die Beziehung zu Peggy von einzigartiger Intensität und Tiefe. An Peggys Seite verlangsamt sich ihr Schritt. Mit ihrer Hilfe gelingt es Françoise Sagan erstmals, ihren exzessiven und mittlerweile lebensbedrohlichen Alkoholkonsum in den Griff zu bekommen. Als Peggy Roche 1991 an Krebs stirbt, versucht Françoise Sagan wenige Tage später, sich das Leben zu nehmen, ein verzweifelter, wenn auch halbherziger Versuch, dem verhassten Alleinsein zu entgehen.

Françoise Sagan bleibt ihren Grundthemen, die sie in ihren ersten Werken anklingen ließ, weiterhin treu. Sie schreibt über die Einsamkeit, die sie selbst so sehr fürchtet, die Langeweile, die sie hasst, den Lebensüberdruss, den sie kennt. Alle ihre Geschichten beschwören die Flüchtigkeit der Liebe und die Vergänglichkeit des Glücks. Ihre Liebesgeschichten begleitet von Beginn an die Melancholie des baldigen Endes. Oft sind es Dreiecksgeschichten, wie in *Lieben Sie Brahms ...* (1959), wo die reife Paule den gleichaltrigen, aber ungetreuen Liebhaber einem sehr viel jüngeren Beau, der sie vergöttert, vorzieht. Er macht es ihr zum Vorwurf: »Ich klage sie an, die Liebe versäumt, von Auswegen und Verzicht gelebt zu haben, ich verurteile Sie zur Einsamkeit.«[12] Das Alter trennt die Liebenden und oft auch das schnöde Geld. So ist es das sorgenfreie, bequeme Leben, dass Lucile in *Chamade* (1965) zu ihrem großzügigen Geliebten zurückkehren lässt. Und das dekadente Geschwisterpaar Sébastien und Eléonore, bekannt aus ihrem Theaterstück *Ein Schloss in Schweden* (1959) und dem Roman *Blaue Flecken auf der Seele* (1972), steht vor dem Problem, in Paris ohne Geld zu überleben, luxuriös, versteht sich. Auf Vorwürfe, sie schreibe nur über amouröse Verstrickungen von Luxusgeschöpfen, denen der ganz normale Arbeitsalltag fremd ist, reagierte Françoise Sagan verhalten, wenngleich sie zugab: »Ja, mir waren die Unwägbarkeiten der Leidenschaft immer wichtiger als die der Ökonomie.«[13]

Françoise Sagan in
ihrem Landhaus.

Ob Françoise Sagan gegen den Algerienkrieg protestierte, ob sie kritische und visionäre Berichte über Fidel Castros Kuba schrieb oder sich gemeinsam mit prominenten französischen Frauen dazu bekannte, abgetrieben zu haben – Ereignisse dieser Art finden in ihren Büchern nicht statt. Aus ihrer linken Gesinnung machte Françoise Sagan nie einen Hehl, doch ihr Interesse an Politik ist niemals Thema ihrer Romane. Weniger wohlgesonnene Kritiker bezeichneten Sagans politische Haltung auch schon mal als *Caviar gauche,* ein Vorwurf, dem sie lapidar entgegenhielt, natürlich sei sie für den Kommunismus, wenn es nach ihr ginge, würden schließlich alle Menschen Jaguar fahren.

Als Françoise Sagan in den fünfziger Jahren St. Tropez zu ihrer zweiten Heimat erkor und dort wochenlang mit Freunden die Nacht zum Tage machte, kam es schon mal vor, dass wildfremde Touristen ihren Verzehr auf Sagans Rechnung setzen ließen. Sie soll es nicht einmal bemerkt haben. Oder es war ihr schlichtweg egal. Doch ihrem luxuriösen Lebensstil muss sie irgendwann Tribut zollen. Das Geld, an das sie früher kaum einen Gedanken verschwendet hatte, wird zunehmend wichtig, als irgendwann einfach nicht mehr genug da ist. Bis in die neunziger Jahre veröffentlicht Françoise Sagan Romane und Novellen, die sich regelmäßig auf den Bestsellerlisten wiederfinden, u.a. *Ein bißchen Sonne im kalten Wasser* (1969), *Ein verlorenes Profil* (1974), *Augen wie Seide* (1975), *Édouard und Béatrice* (1977) *Die seidene Fessel* (1989) und *Und mitten ins Herz* (1994). Doch die Verpflichtungen dem Fiskus gegenüber nehmen stetig zu, hinzu kommen Geldstrafen und Streitereien mit Verlagen. Das *dolce vita* ist irgendwann Vergangenheit, Krankheiten, Depressionen und Geldnöte machen ihr am Ende ihres Lebens zu schaffen.

Als Françoise Sagan am 24. November 2004 stirbt, würdigt der französische Präsident Jacques Chirac sie als »herausragende Figur unseres Literaturlebens« und Premierminister Jean-Pierre Raffarin beschreibt sie mit den Worten: »Françoise Sagan, das war ein Lächeln, zugleich melancholisch, rätselhaft, distanziert und fröhlich.« Und fast alle Nachrufe greifen das berühmt gewordene Etikett *charmant monstre* auf, das der katholische Schriftsteller und Nobelpreisträger François Mauriac ihr kurz nach ihrem literarischen Debüt auf ewig anheftete, als er ihr mit seinem Beitrag auf der Titelseite des Figaro eine Ehrerbietung erwies, die sie in den literarischen Kreisen salonfähig machte. Das charmante Biest legte darauf wenig Wert.

> »Der Respekt ist mir vollkommen gleichgültig, und das trifft sich im übrigen gut, denn bei meinen Ferraris, mit bloßen Füßen gefahren, den Alkoholgläsern und meinem zügellosen Leben wäre es recht extravagant, wenn irgend jemand mich für respektabel halten würde, es sei denn, daß ihn mitunter ein Satz in einem meiner Bücher betroffen hätte und er sich daran erinnerte und es mir mitteilte.«[14]

Marlen Haushofer –
Schriftstellerin und Hausfrau

Jutta Rosenkranz

»Eigentlich kann ich nur leben, wenn ich schreibe«[1] notierte
Marlen Haushofer in ihrem Tagebuch. Doch die österreichische
Schriftstellerin führte – nicht nur in den fünfziger Jahren – ein
Doppelleben: Sie war Hausfrau, Mutter, Zahnarztgattin – und
Autorin. Jahrelang versuchte sie, diese unterschiedlichen Welten
zu vereinen. Doch es gelang ihr nicht, die Diskrepanz zwischen
Leben und Literatur aufzulösen. In ihren Romanen und Erzäh-
lungen thematisiert sie diese Unvereinbarkeit zwischen innerem
Erleben und Realität. Sie stellt die scheinbare Idylle der fünfzi-
ger Jahre in Frage und porträtiert Frauen, die aus der Welt der
Pflichten zwischen Kindern, Küche und Kirche ausbrechen wollen. Schon als Kind versuchte Marlen Haushofer, sich gegen
Regeln und Riten zur Wehr zu setzen. Den Höhepunkt dieser
Auflehnung bildete ihr Roman *Die Wand,* der 1963 erschien und
die radikale Abkehr einer Frau von der Welt beschreibt. Doch
damit war Marlen Haushofer ihrer Zeit voraus. Das Frauenideal
der Nachkriegszeit war die fleißige Hausfrau und Mutter. Eine
Aussteigerin aus der patriarchalischen Gesellschaft wirkte damals
– sogar als Romanfigur – nicht nur befremdlich, sondern gefähr-
lich. Die Brisanz und Aktualität dieses Textes wurde Anfang der
sechziger Jahre nicht erkannt und gewürdigt.

Maria Helene Frauendorfer wird am 11. April 1920 als Tochter
eines Försters in Oberösterreich geboren. Sie wächst in der Natur,
umgeben von Wald, Wiesen und Tieren auf. Doch ihre Erinnerungen an die Kindheit sind ambivalent. Maria Helene, die später Marlen genannt wird, ist ein aufgewecktes und neugieriges,
aber auch sensibles Kind, das schon früh gegen Konventionen
und geschlechterspezifische Regeln protestiert. Ihre Kindheitser-

Marlen Haushofer,
1955.

63

fahrungen beschreibt sie später in ihren Romanen, vor allem in *Himmel, der nirgendwo endet.* Zur Mutter hat sie ein schwieriges Verhältnis, besonders seit der Geburt des Bruders. Maria Frauendorfer ist eine rigorose, streng katholische Frau, die ihre lebhafte Tochter schon früh disziplinieren will. Für die Mutter, die eine Hauswirtschaftsschule besucht hat, ist der perfekt geführte Haushalt eine tägliche Herausforderung. Marlen wendet sich dem Vater zu, der im Gegensatz zur Mutter ein ruhiger, ausgeglichener und humorvoller Mann ist. Wenn die Mutter sonntags allein in die Kirche geht, genießt die Tochter das Frühstück im Bett mit dem Vater, der ihr immer wieder neue, wunderbare Geschichten erzählt. Noch vor der Einschulung hat sich Marlen das Lesen selbst beigebracht. Eifrig liest sie die Bücher aus der Bibliothek des Vaters: »Es war ja immer schon ihr Verlangen, Dinge, die ihr gefallen, zu verschlucken. Lesen ist eine Art, sich die geliebten Dinge einzuverleiben, für die man nicht bestraft werden kann«,[2] sagt das Mädchen Meta in *Himmel, der nirgendwo endet.* Bald beginnt Marlen Geschichten zu notieren. Die Mutter findet eine Geschichte in einer Schublade und ist begeistert. Das Mädchen genießt das Lob, aber sie wünschet sich, auch beachtet zu werden, wenn sie keine Geschichten schreibt. Die Mutter, von der Tochter als »Märtyrerin der Küche« bezeichnet, erkennt, dass Marlen keine gute Hausfrau abgeben würde. »Dich lassen wir studieren, denn du hast einen Kopf«.[3] Später bestärkt die Mutter Marlen sogar darin, Schriftstellerin zu werden – denkt dabei allerdings mehr an Ritterromane als an kritische, feministische Texte.

Die relative Freiheit und Geborgenheit der Försterstochter endet abrupt, als sie im Herbst 1930, mit zehn Jahren, in ein Ursulinen-Kloster in Linz kommt. Der genau geregelte Tagesablauf mit seinen religiösen Riten und moralischen Pflichten verstören das Mädchen. Die einzigen erträglichen Stunden im Internat sind die Schulstunden, weil die Schulräume besser geheizt werden und Marlen nach wie vor wissensdurstig ist. Freiwillig sitzt sie in der ersten Reihe, um nichts zu versäumen. Ihre Bücher und Hefte geben ihr ein Gefühl der Sicherheit. Marlen gehört zu den besten Schülerinnen der Klasse und fällt vor allem durch ihre guten Deutscharbeiten auf. Beim Theaterspielen kann sie ihre ausgelassene und fröhliche Seite ausleben, denn die nachdenkliche und melancholische steht meist im Vordergrund. In der dritten Klasse wird Marlen depressiv und erkrankt an Tuberkulose. Sie verbringt ein Jahr außerhalb des Klosters und wird von der Mutter gepflegt. Durch die Krankheit der Tochter wird Marlen in der Familie vom ›Störenfried zum Sorgenkind‹, dessen ›Vitalität und Widerspruchsgeist‹[4] geschwächt sind. Nach ihrer Genesung zieht sich das Mädchen noch mehr in sich selbst zurück:

> »Aber es war mir nach dem Kranksein ein Licht aufgegangen. Ich hatte gelernt, mich nicht mehr gegen alle möglichen Hindernisse aufzulehnen. Mit dem Kopf durch die Wand? Das hatte ich aufgegeben.«[5]

Nach dem Abitur im Frühjahr 1939 lässt sie sich beim »Reichsarbeitsdienst« verpflichten. Trotz der harten Einsätze als Landarbeiterin in Ostpreußen genießt sie diese Zeit, da sie zum erstenmal von der Familie fort ist, und verliebt sich in einen Medizinstudenten aus Dortmund. Doch nach Hitlers Überfall auf Polen am 1. September 1939 werden die Mädchen in ihre Heimat zurückgeschickt. Im Januar 1940 beginnt Marlen mit dem Studium der Germanistik und Kunstgeschichte an der Universität in Wien. In ihrem Roman *Die Mansarde* erinnert sie sich an diese Zeit:

> »Ich legte damals keinen Wert auf einen besonders guten Ruf und tat alles, was mir gefiel, nur daß mir das, was ich tat, nicht wirklich gefiel. (…) Ich wollte mich nicht von den anderen jungen Leuten unterscheiden und um keinen Preis als altmodisch oder prüde gelten. Tief in mir steckte aber noch immer das Entsetzen eines braven Landmädchens vor der Verworfenheit der

Marlen mit ihrem Sohn Manfred im Mai 1943.

Großstadt. Ich wollte es nur nicht wahrhaben.«[6]

In Wien trifft die Zwanzigjährige den Medizinstudenten aus Dortmund wieder. Die beiden verloben sich im Herbst 1940. Kurz darauf stellt Marlen fest, dass sie schwanger ist, und trennt sich von ihrem Verlobten. Vermutlich hat er ihr Vertrauen missbraucht und sie zum Geschlechtsverkehr genötigt. Für das katholische Mädchen vom Land ist die uneheliche Schwangerschaft eine Sünde und ein Unglück. Doch eine Abtreibung kommt für sie nicht in Frage. Sie erzählt nur dem Bruder und einer Freundin davon und studiert weiter. Wenig später lernt sie wieder einen Medizinstudenten kennen. Die beiden verlieben sich ineinander und Marlen gesteht ihm ihre Schwangerschaft, doch er will sie trotzdem heiraten. Manfred Haushofer ist ein intelligenter, zurückhaltender und ruhiger Mensch. Das junge Paar lebt kurze Zeit in Prag, dann wieder in Wien, während Marlens Sohn Christian in Bayern aufwächst. Im März 1943 bringt Marlen einen zweiten Jungen zur Welt. Manfred Haushofer, der wegen einer Herzmuskelentzündung nicht an die Front muss, promoviert zwei Jahre später zum Doktor der Medizin. Die ersten fünf Jahre ihrer Ehe wird Marlen später als ihre glücklichsten bezeichnen, obwohl es Kriegsjahre sind. Auch in Marlen Haushofers Prosa werden Krieg und Nachkriegszeit kaum thematisiert, sind eher eine Störung des Privatlebens als eine politische Tatsache. Nur in den beiden Hörspielen, die sie in den fünfziger Jahren schreibt, spielen Zeitgeschichte und Vergangenheitsbewältigung eine größere Rolle. Nach Kriegsende holen Manfred und Marlen Haushofer den ältesten Sohn zu sich, verschweigen ihm jedoch die

Tatsache, dass er einen anderen Vater hat. Marlen besucht weiter Vorlesungen in Germanistik, schließt aber ihr Studium nicht ab. Sie beginnt wieder zu schreiben.

1947 zieht Marlen Haushofer mit ihrem Mann und den beiden Söhnen nach Steyr in Oberösterreich. Sie leidet unter ihrer Rolle als Hausfrau, Mutter und Zahnarztgattin und den ungewollten familiären Pflichten. Schon bald beginnen die Eheleute sich zu entfremden. Sie haben unterschiedliche Interessen; er ist unternehmungslustig, sie bleibt am liebsten zu Hause. Manfred Haushofer wird abweisend und jähzornig und hat Affären mit anderen Frauen.

In dieser Zeit findet Marlen Haushofer in Wien Anschluss an einen Kreis junger, unbekannter Autoren um den Schriftsteller und Herausgeber Hermann Hakel. Dazu zählen u.a. Ingeborg Bachmann, Ilse Aichinger und Friederike Mayröcker. Aus der geistigen Anziehung zwischen Autorin und Mentor wird bald eine intensive Beziehung. Hermann Hakel erkennt hinter der Fassade der bescheidenen Arztgattin vom Land den starken Willen und die intellektuelle Schärfe und ermuntert Marlen Haushofer zum disziplinierten Schreiben. Bald erscheinen Erzählungen von ihr in Zeitschriften und Zeitungen. Von nun an lebt Marlen Haushofer in zwei Welten: dem künstlerischen Kreis in Wien und der Familie in Steyr, wo sie ihre Aufgaben als Ehefrau und Mutter zu erfüllen versucht. Die Stunden kreativer Arbeit muss sie sich stehlen. In einem Brief stellt sie resigniert fest:

>»ich müßte einmal ein paar Monate allein sein und Ruhe haben. Ich steh auf einem Platz, auf den ich nicht gehöre, lebe unter Menschen, die nichts von mir wissen u. die Hälfte meiner Kraft geht schon auf, in der Anstrengung, die es mich kostet, unauffällig zu bleiben. Je älter ich werde, desto klarer sehe ich, wie hoffnungslos wir alle verstrickt sind und ich bin froh für jeden, der nie zu Bewußtsein kommt.«[7]

Marlen Haushofer,
Anfang der fünfziger
Jahre.

1950 lässt sich das Ehepaar scheiden, doch dieser Schritt hat keine Konsequenzen. Sie leben wie bisher unter einem Dach – allerdings in getrennten Zimmern und sprechen oft tagelang nicht miteinander. Die Fassade des Ehepaares halten sie nur den Kindern und der Außenwelt gegenüber aufrecht. Als sich Manfred Haushofer mit einer eigenen Zahnarztpraxis selbständig macht, wird Marlen seine Assistentin. Das Schreiben in den Alltag zu integrieren, ist nicht einfach. Marlen Haushofers Tage sind mit Pflichten ausgefüllt: vormittags Hausarbeit, nachmittags Kinderbetreuung und am Wochenende Büroarbeit oder Aktivitäten mit der Familie und Freunden. In der Wohnung verteilt sie Zettel, auf denen sie Gedanken notiert, die ihr bei der Hausarbeit einfallen. Immer wieder nimmt sie sich vor, täglich zwei bis drei Seiten zu schreiben, doch es gelingt ihr nicht, weil ständig andere Verpflichtungen dazwischen kommen. So schreibt sie eher schubweise, wenn sich eine Gelegenheit ergibt und alle aus dem Haus sind. Beim Schreiben muss Marlen Haushofer allein sein, dann arbeitet sie sehr diszipliniert. Doch sie hat kein ›Zimmer für sich allein‹, wie es Virginia Woolf schon 1929 für jede schreibende Frau forderte. Marlen Haushofer notiert ihre Texte am Küchentisch in Schulhefte und schreibt immer mit der Hand, weil das Geklapper der Maschine sie stört. Schon in ihren ersten Veröffentlichungen klingt das Hauptthema ihres literarischen Werkes an: die Auflehnung gegen das Hausfrauendasein. »Übrigens hatte sie längst beschlossen, niemals so dumm zu sein, wie ihre arme Mutter, die den ganzen Tag kochen, aufräumen, abwaschen und nähen mußte und schon sehr abgearbeitete und häßliche Hände hatte.«[8] In ihren Texten kann sie ihren Gedanken freien Lauf lassen. Doch im Alltag ist das Korsett ihrer Erziehung und der bürgerlichen Umwelt der damaligen Zeit zu stark, um sich einfach darüber hinweg zu setzen. Marlen Haushofers Anspruch an sich selbst als Hausfrau und Mutter ist hoch.

»Ich bin manchmal ganz verzagt, weil ich trotz aller Anstrengungen in menschlichen u. erzieherischen Belangen nicht vom Fleck komm. Das gibt mir das Gefühl, daß ich meine besten Kräfte sinnlos verschwende. Andererseits hätte ich nicht die geringste Freude an einem gelungenen Buch, wenn ich das Gefühl hätte, mich meiner Familie gegenüber nicht genug bemüht zu haben. Ich glaube wirklich, man kann nicht gleichzeitig ein guter Mensch u. ein guter Künstler sein.[9]

Marlen Haushofer weiß, dass sie für die Aufgaben der Hausfrau kein Talent hat und leidet darunter, nur nebenbei Schriftstellerin sein zu können. Die Stunden zum Schreiben sind gestohlene Stunden, die sie den Familienpflichten abtrotzt. Die Familie nimmt ihr Schreiben nicht ernst und betrachtet es nur als Hobby. Dennoch sind die Söhne eifersüchtig auf das andere, literarische Leben der Mutter, die regelmäßig nach Wien fährt.

Dort lernt sie den Journalisten und Kritiker Hans Weigel kennen, der im Nachkriegsösterreich eine Schlüsselposition im Kulturbetrieb innehat. Er löst Hermann Hakel als Mentor ab und wird zum Freund und Förderer der jungen Autorin. Hans Weigel ermutigt Marlen Haushofer, einen Roman zu schreiben. In einem Brief an ihn bekennt sie:

»Was meinen Roman betrifft, hab ich oft das Gefühl, ich könnte (rein handwerklich) einen guten Durchschnittsroman schreiben, aber dazu fehlt mir der nötige Fleiß u. die Selbstverleugnung. Also werde ich mich weiterhin mit Versuchen herumschlagen. (…) Tatsächlich wünsch ich mir jetzt einen handgreiflichen Erfolg nur, damit man mich endlich in Ruhe arbeiten läßt u. nicht behaupten kann, daß ich meine Zeit u. Gesundheit für eine fixe Idee opfere. Im übrigen ist die Zeit in der ich schreiben kann (und ich schreib sehr müh-

sam) für mich die erträglichste, da bin ich manchmal
für Minuten fast glücklich.«[10]

Die innere Aufspaltung in diese beiden so unterschiedlichen Welten kostet Marlen Haushofer viel Energie. Sie bekommt Depressionen, die sie vor ihrer Familie geheimzuhalten versucht und arbeitet
täglich am Roman. Es geht ihr wie vielen Frauen ihrer Generation
in den fünfziger und sechziger Jahren, die ihre eigenen Interessen
jahrelang zurückstellen und ihr Leben der Familie opfern.

> »Eine Frau, die ein Kind hatte, hörte auf, ein freier
> Mensch zu sein. Man war eine gute Mutter und nichts
> sonst, oder man versagt als Mutter und behielt seine
> Persönlichkeit. (…) Niemand konnte eine Sache gleich-
> zeitig behalten und aufgeben, und hatte man sich dazu
> entschlossen, sie aufzugeben, so mußte man es rück-
> haltlos tun. Es gab keinen Weg, der zu der jungen Frau
> in der kleinen Wohnung zurückführte, die gewohnt
> war, zu tun und zu lassen, was ihr beliebte.«[11]

1952 erscheint Marlen Haushofers erstes Buch *Das fünfte Jahr,* in
dem sie die Erlebnisse eines fünfjährigen Mädchens beschreibt.
Für diese Erzählung wird die Autorin mit dem Förderpreis des
Österreichischen Staatspreises ausgezeichnet. Diese erste literarische Anerkennung ist besonders wichtig für Marlen Haushofer,
denn sie beweist der Familie und den Bekannten, dass sie Schriftstellerin ist und nicht nur zum Spaß oder Zeitvertreib schreibt.

Von ihren täglichen Pflichten wird sie etwas entlastet, als ihr
Mann eine Assistentin einstellt und Marlen nur noch die Büroarbeit für die Praxis macht. Die neue Sprechstundenhilfe ist eine
enge Freundin von ihr, mit der Manfred Haushofer bald darauf
ein Verhältnis beginnt. Marlen wagt einen Ausbruchsversuch und
wohnt einige Monate allein in Wien. Dort merkt sie, dass sie sehr
gut arbeiten kann, wenn sie allein lebt. Doch sie kehrt wieder zu

Mann und Kindern nach Steyr zurück. Das Gefühl der Verpflichtung ihrer Familie gegenüber ist stärker: »Ich hab eingesehen, daß niemand zwei Herren dienen kann u. daß (für mich) immer der lebende Mensch den Vorrang hat.«[12] Trotz der Verletzung durch ihren Mann und die Freundin erträgt Marlen das Dreiecksverhältnis weiter, alle Beteiligten fahren sogar mehrmals zusammen in den Urlaub.

In ihren Texten erkennt Marlen Haushofer klarsichtig das Dilemma der Frauen zwischen Freiheitsstreben und Abhängigkeit. Doch nur die Frauen in ihren Büchern riskieren, was der Autorin in ihrem eigenen Alltag nicht gelingt. Der erste, 1955 veröffentlichte Roman *Eine Handvoll Leben* handelt von einer Frau, die Mann, Kind und Geliebten verlässt, um unabhängig zu leben.

> »Betty stellte sich vor, wie ihr Leben verlaufen wäre (…)
> Vielleicht hätte sie endgültig resigniert und wäre mit
> den Jahren eine freundliche, ein wenig zerstreute Frau

geworden, die mit ihrem Kind spazierengeht, Romane liest, Gäste empfängt, Blumen in Vasen ordnet und das Leben sanft und ohne Bedauern davonrinnen spürt. Eine von den vielen Frauen, deren Wille gebrochen ist und die gar nicht mehr wirklich sind.«[13]

Der Roman stellt das bürgerliche Familienleben, das in der Gesellschaft der fünfziger Jahre einen hohen Stellenwert hat, und die Beziehungen zwischen Männern und Frauen in Frage. In Marlen Haushofer steckt eine entschiedene Feministin, die man in der freundlichen, bürgerlichen Frau nicht vermutet. Ihre radikalen Überzeugungen verbirgt sie vor den meisten Freunden und Bekannten, weswegen man sie für hilflos hält und nichts ahnt von ihrem analytischen Blick und scharfem Verstand. Sie bewundert die französische Schriftstellerin Simone de Beauvoir und fühlt sich den Vorkämpferinnen der Frauenbewegung verbunden, doch sie selbst ist keine Kämpfernatur. Der Schweizer Schriftsteller Otto F. Walter schreibt anerkennend zu ihrer meisterhaften Novelle *Wir töten Stella,* 1958 erschienen:

> »Ich wüßte kein von einer Frau geschriebenes Stück Literatur, das mich in meinem Dasein und Verhalten als Mann fundamentaler in Frage stellte als diese Prosa. Aus ihrer Bedingung, Frau zu sein in patriarchalischen Verhältnissen, schafft es Marlen Haushofer ohne kämpferische Rhetorik und wie selbstverständlich, das Eigene und Einzelne ihres Schicksals durch Kunst als Teil der allgemeinen Gesellschaftsmuster sichtbar, nein: erfahrbar zu machen.«[14]

Marlen Haushofers Mentor, Hans Weigel, erinnert sich später an einen frühen Romanentwurf der Autorin, in dem ein paar Frauen gemeinsam einen lästigen Mann ermorden. Weigel riet ihr damals von einer Veröffentlichung dieses Textes ab. Vermutlich hat Mar-

Marlen Haushofer
(links) nach der
Staatspreisverleihung
1968; v.l.n.r.:
Marlen Haushofer,
Elfriede Ott,
Käthe Frauendorfer,
Hans Weigel,
Dr. Hilde Tetis.

len Haushofer das Manuskript verbrannt. Die fünfziger Jahre, von der amerikanischen Autorin und Psychologin Betty Friedan als das Jahrzehnt des »Weiblichkeitswahns« bezeichnet, waren für derart extreme Befreiungsversuche der Frauen noch nicht reif.

In der österreichischen Hauptstadt begegnet Marlen Haushofer dem Schriftsteller Reinhard Federmann, mit dem sie eine enge Freundschaft und einige Zeit auch ein Verhältnis hat. Federmann ist verheiratet und trennt sich nicht von seiner Frau. Aber auch Marlen zögert, ihren Mann endgültig zu verlassen. So scheitert auch dieser Versuch, aus der Zwickmühle zwischen Familie und Literatur auszubrechen. Schließlich besiegelt sie diesen Zustand noch: im Februar 1958 heiraten Marlen und Manfred Haushofer ein zweites Mal. Diese Entscheidung ist schwer nachzuvollziehen, denn Marlen leidet immer mehr unter der täglichen Hausarbeit. »Wenn ich vorher gewußt hätte, daß Schreiben mein Lebensinhalt ist, hätte ich vielleicht keine Kinder bekommen. Kinder sind kein Lebensinhalt.«[15] In dem Roman *Die Tapetentür*, der 1957 erscheint, beschreibt Marlen Haushofer eine Frau, die ihr autonomes Leben aufgibt, heiratet und schwanger wird. Doch sie merkt bald, dass sie im falschen Leben ist und empfindet das ungeborene Kind als Bedrohung, als etwas, das sie »aushöhlt und auffrißt«. Diese Sichtweise war in den fünfziger Jahren völlig neu und ungewöhnlich. Hier wagt eine Autorin, Gedanken zu formulieren und aufzuschreiben, die damals kaum eine Frau laut artikuliert hätte. »Ich glaube, ein Schriftsteller, zumindest ein ernstzunehmender, muß ein Außenseiter sein und kann als solcher jeder Gesellschaft nur feindlich oder gleichgültig gegenüberstehen.«[16]

Da Marlen Haushofer den Gegensatz zwischen Alltag und Literatur nicht auflösen kann, führt sie wie die Protagonistinnen ihrer Romane ein Doppelleben, weil sie nicht aufs Schreiben verzichten kann. In ihren Erzählungen und Romanen variiert sie das Grundthema ihres Werkes: Frauen zwischen dem Anspruch auf Selbstbestimmung und der Anpassung an die Lebensumstände. Die Männer in ihren Büchern erscheinen meist als Zerstörer oder Erhalter der reibungslos funktionierenden Alltagswelt, an die sie die Anpassung der Frauen erwarten. Für die zunehmende Entfremdung zwischen den Menschen, aber auch sich selbst gegenüber haben sie kein Gespür. Die Protagonistinnen in Haushofers Romanen spüren diese Ambivalenz, können ihr aber nicht entfliehen. Mit großer Sensibilität schildert sie das Innenleben dieser Frauen, die sich aus ihrer Abhängigkeit nicht befreien können. Schon in ihrem ersten Roman hat Marlen Haushofer ihren eigenen Ton gefunden: kurze, schlichte Sätze, in einer schnörkellosen, exakten Sprache. Ihre Erzählungen und Romane, die wichtigsten erscheinen in den fünfziger und frühen sechziger Jahren, gehen unter die Haut, weil sie die Leser mit eigenen Ängsten, Hoffnungen und Sehnsüchten konfrontieren.

Für Marlen Haushofer ist der Vorgang des Schreibens wichtiger als das veröffentlichte Buch, denn beim Schreiben kann sie ihrer engen Hausfrauenwelt entfliehen.

»Ich hab' sehr viel Autobiographisches geschrieben und bin der Ansicht, daß im weiteren Sinne alles, was ein Schriftsteller schreibt, autobiographisch ist. (…) Ich schreibe nie über etwas anderes als über eigene Erfahrungen. Alle meine Personen sind Teile von mir, sozusagen abgespaltene Persönlichkeiten, die ich recht gut kenne.«[17]

Doch Marlen Haushofers Bücher sind nicht nur persönliche Bewältigungstexte. Sie zeigen mit sensibler und schonungsloser Genauigkeit, wie das Leben der Frauen in den fünfziger und sechziger Jahren aussieht: eingeengt in die vorgegebene Rolle als Hausfrau und Mutter, ohne Chance, eigene Träume und Pläne zu verwirklichen. Marlen Haushofer deckt hinter der scheinbaren Idylle der Nachkriegszeit die Verlogenheit der Gesellschaft auf: »Es stimmt nicht, daß ich nicht idyllisch sein *will.* Ich möchte sehr gern, aber das wäre gelogen.«[18] Marlen Haushofers Bücher stellen das Frauenideal der fünfziger Jahre in Frage. Mit ihren Forderungen nach mehr Unabhängigkeit der Frauen ist die Autorin ihrer Zeit voraus.

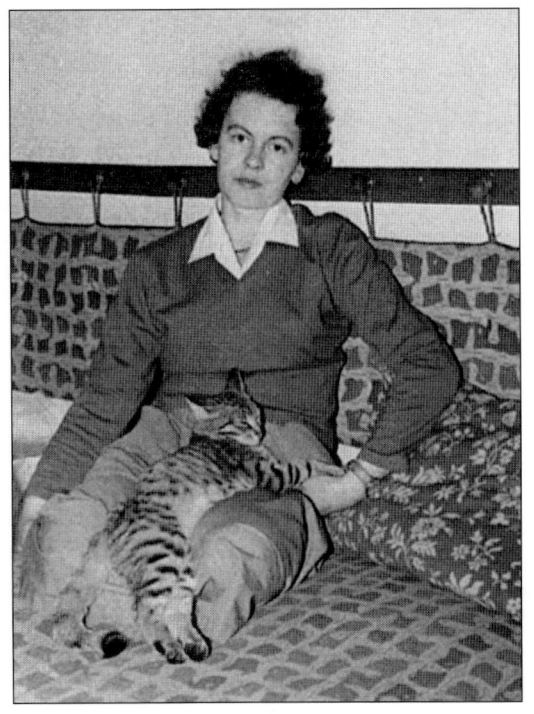

Mit ihrem geliebten Tigerkater Iwan (Ende der 50er Jahre).

1963 erscheint ihr wichtigster und bekanntester Roman *Die Wand,* in dem sie ihr Hauptthema – die Unmöglichkeit von Nähe und die Entfremdung zwischen den Menschen – kompromissloser als in allen anderen Romanen und mit größter Konsequenz gestaltet. Eine Frau ist plötzlich durch eine unsichtbare Wand abgeschnitten vom Rest der Welt und versucht, mit Hilfe einiger Tiere zu überleben. Die einfache, klare Sprache entwickelt einen Sog und eine Spannung, denen man sich beim Lesen schwer entziehen kann.

Auch die Frau im Roman kann ihr selbstbestimmtes Leben nur führen, weil sie die einzige Überlebende ist. Zum erstenmal beschreibt Marlen Haushofer eine aktive Protagonistin, die ihr Leben in die Hand nimmt. Als am Ende des Romans plötzlich ein Mann auftaucht und ihr ruhiges Zusammenleben mit den Tieren gefährdet, tötet sie ihn.

> »Um unsere Freiheit ist es sehr traurig bestellt. Wahrscheinlich hat es sie nie anderswo als auf dem Papier gegeben. Von äußerer Freiheit konnte wohl nie die Rede sein, aber ich habe auch nie einen Menschen getroffen, der innerlich frei gewesen wäre. Und ich habe diese Tatsache nie als beschämend empfunden. Ich kann nicht sehen, was daran unehrenhaft sein sollte, wie jedes Tier die auferlegte Last zu tragen und letzten Endes wie jedes Tier zu sterben.«[19]

Bei seinem Erscheinen stößt der Roman auf mehr Ablehnung als Anerkennung. Doch Marlen Haushofer lässt sich davon nicht ablenken und beginnt mit einem neuen Manuskript.

> »Der neue Roman quält mich sehr. Ich geh stundenlang auf und ab u. leide unter meiner Impotenz. (…) Es ist auch sehr störend für mich, dauernd in mehreren Welten zu leben, die durch Abgründe getrennt sind. Dabei ist es seit jeher mein Bestreben, ein fast triebhafter Drang, Gegensätze zu versöhnen, Harmonie zu erzeugen u. die große Schizophrenie zu heilen. Nur, ich bin zu schwach dazu u. brauche zuviel Kraft um nicht selber dieser Spaltung zu verfallen. (…) Ich werd eben so weitertun, bis ich einmal nicht mehr kann.«[20]

Marlen Haushofer mit ihren Söhnen Christian (links) und Manfred (rechts), 1954.

Nach dem Umzug in eine größere Wohnung hat Marlen Haushofer endlich mehr Zeit und Platz zum Arbeiten. Weder ihr Mann noch die Kinder lesen ihre Bücher. Eine Erleichterung für die Autorin, die es wagen kann, ›die Wahrheit zu schreiben‹. Da Marlen Haushofers Texte viele autobiografische Elemente enthalten, hätte die Lektüre innerhalb der Familie die angespannte Situation noch verschärft. Marlen versichert ihrem Mann, dass er mit den literarischen Männerfiguren nichts zu tun hat, doch wenn sie einen einengenden Ehealltag beschreibt, fällt es schwer, das zu glauben. In einem Interview gesteht die Autorin, dass sie nur das beschreiben könne, was sie kennt. Deshalb müsse sie oft lügen, denn sie wolle niemandem weh tun. Als die beiden Söhne ausziehen, ist sie nachmittags allein und kann von drei bis sechs Uhr arbeiten. Trotzdem leidet sie unter der Doppelbelastung:

»Nebenbei muß natürlich auch der Haushalt weiterlaufen. All das fällt mir schwer, weil ich mich nur auf eine Sache konzentrieren kann und wenn man mich zwingt,

vielseitig zu sein, werde ich nervös. Ich habe das Gefühl,
in die Luft zu schreiben.«[21]

1966 erscheinen ihre Kindheitserinnerungen unter dem Titel
Himmel, der nirgendwo endet. Sie widmet das Buch ihrem Bruder, mit dem sie sich nach wie vor gut versteht. Zwei Jahre später veröffentlicht Marlen Haushofer einen Band mit Erzählungen
Schreckliche Treue, für den sie den Österreichischen Staatspreis
für Literatur erhält. Über die Arbeit an diesem Buch schreibt die
Autorin:

> »Wenn man mich fragt, warum ich diese Erzählungen
> geschrieben habe, kann ich nur antworten: um mir sel-
> ber einmal eine Freude zu machen. Nachdem ich in
> den vorhergehenden dreieinhalb Jahren zwei Romane
> geschrieben hatte, fühlte ich mich ein wenig erschöpft
> und fand, es gebe keine mühseligere Arbeit, als Romane
> zu schreiben. Das ist auch wirklich so, besonders wenn
> man nebenbei noch anderen Beschäftigungen nach-
> gehen muß und dauernd gestört und unterbrochen
> wird.«[22]

Unter der Diskrepanz zwischen Alltag und Schreiben leidet Marlen Haushofer ihr Leben lang. Immer wieder klagt sie über zu viel
Arbeit und eine große Müdigkeit. In einem Brief an die Freundin
und Kollegin Jeannie Ebner heißt es: »Die Hausarbeit wird mir
auch sauer und hängt mir nachgerade zum Hals heraus, weil sie
idiotisch ist und mich nur Zeit und Kraft kostet. Beruflich nähre
ich mich von Ärger.«[23]

Im Herbst 1968 wird bei Marlen Haushofer Knochenkrebs
diagnostiziert. Schon seit Monaten hatte sie Schmerzen, deren
Ursache jedoch nicht erkannt wurde. Sie wird operiert, doch der
Tumor ist schon zu groß. Trotzdem beendet Marlen Haushofer
ihren letzten Roman *Die Mansarde*, der 1969 erscheint. Sie schil-

Marlen Haushofer, in
der Küche, 1965.

dert darin ein Ehe- und Hausfrauenleben, das ihrem eigenen Alltag sehr ähnlich ist. In diesem Buch hat die Schriftstellerin das Hausfrauendasein am deutlichsten nachgezeichnet, »vielleicht weil diese Tätigkeit wie keine andere mir die Vergeblichkeit alles menschlichen Strebens vor Augen führt.«[24]

Marlen Haushofer stirbt drei Wochen vor ihrem 50. Geburtstag am 21. März 1970 in Wien. Beeindruckend ist ihre letzte Tagebucheintragung, die sie knapp einen Monat vor ihrem Tod notiert:

»Mach Dir keine Sorgen. Du hast zuviel und zu wenig gesehen, wie alle Menschen vor Dir. Du hast zuviel geweint, vielleicht auch zu wenig , wie alle Menschen vor Dir. Vielleicht hast Du zuviel geliebt und gehasst – aber nur wenige Jahre – zwanzig oder so. Was sind schon zwanzig Jahre? Dann war ein Teil von Dir tot, genau wie bei allen Menschen, die nicht mehr lieben oder hassen können. (…) Mach Dir keine Sorgen – alles wird vergebens gewesen sein – wie bei allen Menschen vor Dir. Eine völlig normale Geschichte.«[25]

Auch wenn die Zeitgenossen die beunruhigende, zeitlose Aktualität des Romans *Die Wand,* den Marlen Haushofer selbst als ihr »wesentlichstes Buch« bezeichnet, nicht erkannt haben – vergebens war er auf keinen Fall. Eine Neuauflage bringt dem Roman die Aufmerksamkeit, die er verdient. In den achtziger Jahren, in denen die Rollen der Geschlechter in Frage gestellt werden, entdeckt die Frauenbewegung das Buch der fast vergessenen Autorin.

Heute zählt *Die Wand* zu den Klassikern der Nachkriegszeit und wird immer wieder aufgelegt. Für die Schriftstellerin Eva Demski gehört dieser Roman zu den Büchern, »für deren Existenz man ein Leben lang dankbar ist«. Die Fantasie vom Ausbruch aus dem einengenden Alltag und den Pflichten hat Marlen Haushofer hier am radikalsten umgesetzt.

> »Wenn ich heute an die Frau denke, die ich einmal war, die Frau mit dem kleinen Doppelkinn, die sich sehr bemühte, jünger auszusehen als sie war, empfinde ich wenig Sympathie für sie. Ich möchte aber nicht zu hart über sie urteilen, sie hatte ja nie eine Möglichkeit, ihr Leben bewußt zu gestalten. Als sie jung war, nahm sie, unwissend, eine schwere Last auf sich und gründete eine Familie und von da an war sie immer eingezwängt in eine beklemmende Fülle von Pflichten und Sorgen. Nur eine Riesin hätte sich befreien können und sie war in keiner Hinsicht eine Riesin, immer nur eine geplagte, überforderte Frau von mittelmäßigem Verstand, obendrein in einer Welt, die den Frauen feindlich gegenüberstand, und ihnen fremd und unheimlich war.«[26]

Ingeborg Bachmann – Diva und Denkerin

Unda Hörner

Die Nachricht vom Tod der Schriftstellerin Ingeborg Bachmanns nahm ich nicht zur Kenntnis. 1973 war ich zwölf und den Mädchenbüchern noch nicht entwachsen. Erste ernsthafte Lektüreerlebnisse folgten erst einige Jahre später, als Gymnasiastin entdeckte ich Hesse, Horváth, Musil und schließlich auch Ingeborg Bachmann. In bald zerlesenen Taschenbuchausgaben eröffnete sich mir eine neue Welt: *Undine geht, Der Fall Franza, Malina*. Die Sage von der fischschwänzigen Undine, der Wassernixe, die das Element wechselt und die wieder zurückkehrt ins Wasser, sobald ein männliches Menschenwesen ihr ein Leid zugefügt hat, Franzas Leiden an den Männern, ebenso wie das des weiblichen Ich, welches zerrissen ist zwischen zwei Männern, Malina und Ivan, und ganz alleine mit der Sprache – solche Figuren prägten auch das Bild von der Schriftstellerin, die sie ersonnen hatte. Ingeborg Bachmann, das war die Sphinx mit der ewig gestellten Rätselfrage, das unerbittliche Hirntier, das war die Unberührbare und – die Leidende. Pubertäre Selbststilisierungen fielen da leicht; leider war das meiste, was ich an Biografischem über die Person Ingeborg Bachmann las, auch nicht weit davon entfernt. Was wollte man überhaupt von ihr wissen? War das Mysterium, das sie umgab, doch so reizvoll! Sie schien das Klischee, mit dem man sich ihr (nicht) näherte, regelrecht anzuziehen, und ich fand mich in den Texten der Autorin wieder – schon des Nixen-Vornamens aus der Erzählung wegen sowie wegen meiner eigenen starken Kurzsichtigkeit – eine zeitlang las ich nicht nur *Undine geht,* sondern auch die Erzählung *Ihre glücklichen Augen* wie ein Manifest. Ein hochgradiger Astigmatismus und 7,5 Dioptrien, exakt soviel wie die Protagonistin Miranda, genau das hatte ich auch! Die Seitenränder des schmalen Taschenbuches von damals, *Simultan*, sind übersät mit mir heute zum Teil völlig unverständlichen Kommen-

Ende der Wiener Zeit,
1952.

taren und wilden Bleistiftanstreichungen. Unterstrichen ist etwa diese Stelle: »Sie vergrößert, verkleinert, sie dirigiert Baumschatten, Wolken und bewundert zwei schimmelgrüne Klumpen, weil sie weiß, das muß die Karlskirche sein.«[1] Wer nur den Blick aus kurzsichtigen Augen kennt, dem ist das nur allzu verständlich und naturgemäß, dieses Sich-Zurechtmachen der Wirklichkeit und das schier unausrottbare Misstrauen in einen angeblich bestehenden Zustand – die sichtbare Realität. Und weil der Sehbehinderte seinen Augen buchstäblich nicht trauen kann, warum soll er dann also nicht »eine Geschichte für alle erfinden, die erträglich und schöner ist als die wirkliche«.[2] Ich las Geschichten, Erzählungen wie die von den ›glücklichen Augen‹ immer identifikatorisch. Ausgerechnet in einem Werk mit einer extrem artifiziellen Sprache, in dem nichts eindeutig war, wurde für mich etwas sehr Existentielles greifbar, hier entdeckte ich paradoxerweise ein klar umrissenes Spiegelbild: meine eigene schadhafte Wahrnehmung.

Erst Jahre später, während des Germanistikstudiums an der Freien Universität Berlin, ging ich auf die gebotene akademische Distanz zur Bachmann: Da schrieb ich eine Magisterarbeit mit einem Titel, wie Magisterarbeiten eben so heißen: *Allegorie und Symbol im Werk von Ingeborg Bachmann.* Auf rund einhundert Seiten gelangte ich zu wertvollen Einsichten über den differenzierten Gebrauch eines lyrischen Instrumentariums. Die Schriftstellerin indes blieb weiterhin eine steinerne Sphinx und somit eine der Allegorien, die man auch in ihrem Werk wiederfindet, und als solche blieb sie mir fremd. Das Irdischste, Menschlichste an ihr war noch dieser kinnlange Haarschnitt, den sie trug, denn meine Mutter sah damals aus, als ginge sie zu demselben Friseur wie die Bachmann. Meine Magisterarbeit kam zu einem glücklichen Abschluss, litt jedoch unter einem geradezu lähmenden Respekt vor den Zeilen der Autorin, die ich – wie in eine Gesetzestafel geritzt – weiterhin ehrfürchtig betrachtete. Der Mythos der viel zu früh verstorbenen Schriftstellerin wurde fortgesetzt genährt, durch Spekulationen über die rätselhaften Umstände ihres Todes, durch verschiedene Beziehungen zu Männern, die ebenfalls im Licht der Öffentlichkeit standen, und nicht zuletzt durch das Geheimnis eines Nachlasses – rund 8000 Manuskriptseiten! –, das laut Testament bis ins Jahr 2025 nicht gelüftet werden darf. Ich rechnete nach: 2025 bin ich Mitte sechzig, also ein gutes Stück älter, als Ingeborg Bachmann selbst zum Zeitpunkt ihres Todes.

1952 debütiert Ingeborg Bachmann mit einer Lesung auf einer Tagung der Gruppe 47 mit ersten Gedichten. Sie ist zu diesem Zeitpunkt sechsundzwanzig Jahre alt und versetzt die überwiegend männlichen Zuhörer der Gruppe in größtes Erstaunen – in Entsetzen gar? Leise wispernd, fast unverständlich soll sie ihre Gedichte vorgetragen haben, die Manuskriptseiten seien aus ihren nervös zitternden Händen zu Boden gesegelt, die extreme Kurzsichtigkeit habe sie behindert – und nicht zuletzt die große Aufregung: Öffentlichkeit! In der scheint sie sich fortan zwar recht elegant zu bewegen, doch dem Bild des intelligenten Frauenzimmers wird durch die Kritik von Anfang an eine gewisse rührende Unbeholfenheit beigesellt. Bewusstlos habe man sie nach der Debütlesung auf ihr Zimmer hinaufgetragen, und eine andere Person musste die Gedichte noch einmal lesen – die Dichterin selbst ohnmächtig angesichts des eigenen Werkes. In späteren Zeugenberichten wird das Bild einer ›poeta doctus‹ erschaffen, die »halb Zirkusartistin, halb Mannweib«, ist.[3] Reinhard Baumgart, Bachmanns Lektor beim Piper Verlag, wo sie veröffentlicht, wischt die Legende von der Hilflosen kurzerhand vom Tisch: Er glaubte, im Verhalten der Schriftstellerin eine durchaus geschickte Inszenierung zu entdecken.

Zwei Jahre später, im August 1954, erscheint eine Ausgabe des Magazins *Der Spiegel* mit einem ungewöhnlichen Cover-Girl in Schwarz-Weiß: Ingeborg Bachmann in einer Großaufnahme, burschikoser Kurzhaarschnitt, dunkel geschminkte volle Lippen. Es ist die Zeit, in der sie als Rom-Korrespondentin für Radio Bremen arbeitet, aber nicht der Reporterin, sondern der Lyrikerin

Ingeborg Bachmann gilt die Titelstory des Magazins: »Gedichte aus dem deutschen Ghetto. Neue römische Elegien«. Spätestens mit dieser Medienkampagne ist der Mythos Bachmann ins Leben gerufen. Eine junge österreichische Autorin wird zum Symbol für den intellektuellen Wiederaufbau und für den Anschluss der deutschsprachigen Dichtung an die internationale literarische Moderne.

Noch kein Jahrzehnt ist seit dem Ende des Zweiten Weltkriegs vergangen. Ingeborg Bachmann, im Juni 1926 in Klagenfurt geboren, gehört jener Generation an, die den Großteil ihrer Kindheit im Schatten des Nationalsozialismus verleben musste.

> »Es hat einen bestimmten Moment gegeben, der hat meine Kindheit zertrümmert. Der Einmarsch von Hitlers Truppen in Klagenfurt. Es war etwas so Entsetzliches, daß mit diesem Tag meine Erinnerung anfängt: durch einen zu frühen Schmerz, wie ich ihn in dieser Stärke vielleicht später überhaupt nie mehr hatte (…) diese ungeheure Brutalität, die spürbar war, dieses Brüllen, Singen und Marschieren – das Aufkommen meiner ersten Todesangst«, gibt Ingeborg Bachmann in einem Interview Auskunft.[4]

In den Jahren zwischen 1938 und 1944 besucht Ingeborg Bachmann das Ursulinen-Gymnasium in ihrer Geburtsstadt. Erste erhaltene Gedichte stammen aus dieser Zeit. Im Herbst 1946, nach ihrem zwanzigsten Geburtstag, zieht Ingeborg Bachmann von Klagenfurt nach Wien, wo sie sich an der Universität im Fach Philosophie einschreibt und sich den Literatenkreisen anschließt, die traditionell die Caféhäuser der österreichischen Hauptstadt bevölkern. Sie lernt Gleichgesinnte kennen, Artgenossen, von denen manche sie auf ihrem weiteren Weg begleiten werden: den Förderer Hans Weigel, die Schriftstellerin Ilse Aichinger, den

Mit Paul Celan (rechts), Mai 1953.

Lyriker Paul Celan. Schon im Jahre 1949 schließt sie das Studium mit einer Promotion über *Die kritische Aufnahme der Existentialphilosophie Martin Heideggers* ab. Mit Anbruch des neuen Jahrzehnts ist Ingeborg Bachmann bereits eine anerkannte Dichterin. Ihren Job als Matrizenschreiberin im Sekretariat des amerikanischen Besatzungsbüros behält sie zunächst bei, wechselt dann aber als Script-Writer zum Radiosender Rot-Weiß-Rot und wird dort flugs zur Redakteurin befördert. Die Stellung beim Rundfunk verschafft der Dichterin ein ideales Sprachrohr: *Ein Geschäft mit Träumen* wird im Februar 1952 gesendet, es ist Ingeborg Bachmanns erstes Hörspiel. Überhaupt erweist sich das Radio während der fünfziger Jahre als probates Medium zur Vermittlung von Literatur. Während Verlage sich erst wieder organisieren, sich eine Infrastruktur schaffen müssen, sind die Rundfunkanstalten wesentlich flexibler beim Wiederherstellen der nötigsten Voraussetzungen, um ein Publikum zu erreichen. Ein offenes Mikrofon in einem improvisierten Studio, und schon kann es losgehen. Zahlreiche Autoren nutzen dieses Medium für sich, das Hörspiel boomt in den fünfziger Jahren. Ingeborg Bachmann schreibt etliche Rundfunkreportagen unter dem Pseudonym Ruth Keller, von denen die meisten nicht mehr existieren – die Bänder im Rundfunkarchiv wurden aus Platzmangel vernichtet. Unter ihrem eigenen Namen veröffentlicht sie die Hörspiele *Die Zikaden* und *Der gute Gott von Manhattan*. Für *Der gute Gott von Manhattan* erhält sie den renommierten Hörspielpreis der Kriegsblinden. 1955 ist Ingeborg Bachmann Teilnehmerin bei einem Sommerseminar der Harvard University; 1956, in ihrem ›dreißigsten Jahr‹, wie später ein Erzählungsband heißen wird, erscheint ihr zweiter Gedichtband: *Die Anrufung des großen Bären*.

> »Ich existiere nur, wenn ich schreibe, ich bin nichts, wenn ich nicht schreibe, ich bin mir selbst vollkommen fremd, aus mir herausgefallen, wenn ich nicht schreibe. Wenn ich aber schreibe, dann sehen Sie mich nicht, es sieht mich niemand dabei. Sie können einen Dirigenten sehen beim Dirigieren, einen Sänger beim Singen, einen Schauspieler, wenn er spielt, aber es kann niemand sehen, was Schreiben ist. Es ist eine seltsame, absonderliche Art zu existieren, asozial, einsam, verdammt, es ist etwas verdammt daran, und nur das Veröffentlichte, die Bücher, werden sozial, assoziierbar, finden einen Weg zu einem Du, mit der verzweifelt gesuchten und manchmal gewonnenen Wirklichkeit.«[5]

Man ahnt, dass die zu rascher Berühmtheit gelangte Autorin sich beständig zwischen zwei entgegengesetzten Polen bewegen muss: hier die so strenge wie emphatische Sprache der Lyrik, die immer wieder neu geschöpft werden muss, dort die an Konventionen gebundene formelhafte Sprache der Repräsentation – Bachmann beherrscht sie beide. Die Dame von Welt, eine Diva geradezu, mit Pelzstola und Perlenkette – in einer Hand stets die unvermeidliche qualmende Zigarette –, passt nur schlecht zu der Vorstellung

GEDICHTE AUS DEM DEUTSCHEN GHETTO
Neue Römische Elegien: Ingeborg Bachmann (siehe „Lyrik")

von der zurückgezogenen Dichterin, die sich an der Schreibmaschine das Hirn zermartert – doch beide Rollen gehören zu ein und derselben Person. Im Frühjahr 1958 etwa engagiert sie sich zusammen mit anderen Schriftstellern gegen die atomare Aufrüstung Deutschlands; einige Jahre später wird sie gemeinsam mit Günter Grass, Willy Brandt und Hans Werner Henze bei einer Wahlkampfveranstaltung der SPD auftreten und gegen den Vietnamkrieg protestieren. Indes, die holde Kunst ist nie so leicht zu haben wie eine Protestnote: Dass Ingeborg Bachmann das Schreiben mitnichten so leicht von der Hand geht, wie fertige, erst mal gedruckte Bücher, die im Laden liegen, es am Ende suggerieren, ist ihr immer wieder Anlass zur Klage. In einem Brief an Otto Döpke, ihren ›Ziehvater‹ bei Radio Bremen, offenbart sie sich:

> »Manchmal weiß ich nicht, warum ich lang nicht schreibe, auch wenn ich gerne möchte (…). Aber heut nacht ist das letzte Qual-Manuskript aus dem Haus gegangen und tagsüber hab ich in wilder Genußsucht alle die schönen Platten abgehört und sehr an Sie gedacht, wenn die Callas ihre besten Momente gehabt hat.«[6]

Die wachsende Berühmtheit, zu der Ingeborg Bachmann in den fünfziger Jahren gelangt, verändert auch das Verhältnis zur eigenen Arbeit mit den Wörtern. Sie scheint überhaupt nur noch dann möglich zu sein, wenn es der Autorin gelingt, den Gedanken ans Geschäft von sich fernzuhalten: »Die Literatur ist so schmutzig wie der Waffenhandel«, stellt sie fest. Sie nahm eine schleichende

Korruption wahr an zu Ansehen gekommenen Schriftstellerkollegen, so Christine Koschel, und zu ihnen wollte und konnte sie nicht mehr dazugehören, sie hatte Angst davor und meinte: »Eigentlich müßte ich mit wenigen Pappkartons in einer Einzimmerwohnung leben.«[7]

Aus dem Band *Sämtliche Gedichte* von Ingeborg Bachmann fällt mir eine Quittung aus einem Copyshop an der Potsdamer Straße entgegen, auf der steht das Datum 10.11.1987. Kopiert für zweidreissig. Wahrscheinlich ein schlauer Aufsatz über die Formensprache der Gedichte, aus einem Buch, das in der gelben Staatsbibliothek vor dem Mauerstreifen dreimal verlängert werden musste.

Ingeborg Bachmann als erste Gastdozentin der Frankfurter Poetik-Vorlesungen im Wintersemester 1959/60.

Bei der gelegentlichen Identifikation mit Schriftstellern richtet sich mein Augenmerk heute viel mehr auf das Nichtschreibenkönnen als auf das Schreiben – wenn das Schreiben gut von der Hand geht, dann funktioniert auch alles andere immer gut. Aber wie umgehen mit den Pausen? Wenn sich nichts formen will und wenn das einzige, was sich im Raum bewegt, der blaue Dunst der Zigarette ist, der über leeren Seiten wabert. In einem Brief an Hans Werner Henze schreibt Bachmann:

»und die Zweifel beim Schreiben verschärfen sich manchmal so, dass ich kaum weiterkomme an manchen Tagen. Man muss nur in solchen Zeiten über die Zeit hinausschauen und an einem vorgestellten Ganzen festhalten, damit man die Teile fertigbringt, die unzulänglich erscheinen. Denn vielleicht gehören sie dann zu dem Ganzen.«[8]

Ingeborg Bachmann
in ihrer Berliner Woh-
nung im Grunewald,
1963–1965.

Der Freund legt sich ins Zeug, die Freundin zu motivieren: »Deine
PFLICHT zu tun wie ein Bankbeamter. Briefe beantworten und
systematisch arbeiten, wie es Thomas Mann etc. etc. tat, wie alle
Grossen, ohne Ausflüchte, ohne weitere Krankheiten etc., ohne
Klagen und Jammern.«[9] Das alles, ruft Henze ihr immer wieder zu,
sei ein großes Talent, wie sie es sei, sich selber schuldig. Ja: »Denk
an Thomas Mann: jeden Morgen!«[10] Henze, dessen Zusammenarbeit mit Bachmann in mehrere Opern mündete, liebt und bewundert die Freundin und macht ihr immer wieder Mut.

> »Du bist nicht gemacht für den wartesaal 2. klasse im
> bayrischen rundfunk, umgeben von scheißintellektuel-
> len cretins, und nicht für das café luitpold. Du musst
> auf steinigen pfaden aufgezäumt auf maulesel schwing
> die peitsche zwischen den eisigen blicken von eidech-
> sen und kräutersammlern gegen den morgenstern zu,
> so musst Du auf das unvermutete zureiten.«[11]

Den gleichaltrigen aufstrebenden Komponisten Hans Werner Henze kennt Ingeborg Bachmann seit 1953. Die gemeinsamen Italienaufenthalte – Ischia ist in den fünfziger Jahren eine wahre Künstlerkolonie – wecken Wünsche nach mehr: Die Eheschließung, sogar die Gründung einer Familie werden erwogen, »das wäre ein pakt gegen die bedrohlich dumme welt«, Henze schlägt der Freundin eine Zukunft zu zweit vor, »dass wir zusammen leben, in einem großen schönen haus zu füssen des Vesuvs«.[12] Doch Heiratsanträge bleiben in Briefen stecken, der schöne Plan wird aufgerieben zwischen Zweifeln und Terminen – beide wollen und können doch nicht: Königskinder. In den Briefen, die der Ernüchterung folgen, tituliert sich Henze Bachmann gegenüber gern als ›Onkel‹ – und erklärt ihr Freundschaft fürs Leben. Der im Standesamt geschlossene Pakt gegen die ›dumme Welt‹ wäre ein Pakt gegen die Einsamkeit des Künstlers gewesen wie auch ein Schutz für Henze: Eine Ehe hätte ihm, dem Homosexuellen in der Wahlheimat, dem konservativ-katholischen Italien der fünfziger Jahre, das Leben erleichtert. Einmal bricht es verletzt und enttäuscht aus Henze heraus:

> »nur weil ich schwul bin, das ist der Punkt wo ich verletzt bin und mich aufrege und mein stolz sich regt gegen diese reaktion. (…) dass Du Dich weigerst, meine gastfreundschaft in anspruch zu nehmen, was eine gewisse sicherheit für dich bedeuten könnte und was ich nur anbiete, weil ich dich anbete, ist erniedrigend, nicht weil es eine frage der einstellung ist, sondern weil ich dadurch klar verstehe, dass Frau B. es mit mir nicht aushält, weil ich schwul bin.«[13]

Henzes Befürchtungen, dass es einen anderen Mann im Leben der Freundin und Vertrauten geben könnte, bewahrheiten sich: Im Sommer 1958 begegnen sich Ingeborg Bachmann und Max Frisch in Paris. Frisch hatte den Kontakt mit der jungen Hörspielautorin gesucht, weil es ihm ein Bedürfnis war, ihr persönlich mitzuteilen, »wie gut es sei, wie wichtig, daß die andere Seite, die Frau sich ausdrückt.«[14] Was heute nicht noch gesagt werden müsste, aber während der fünfziger Jahre, als das Bild der tüchtigen, dem Gatten treu ergebenen Hausfrau und Mutter die Wahrnehmung der weiblichen Rolle bestimmte, brauchte es wohl solche Sätze aus dem Munde einer Vorreiterin der Frauenbewegung, die sich erst in den siebziger Jahren Bahn brechen sollte:

> »Die meisten Frauen brauchen eine Hoffnung, etwas, was man ihnen noch nie gesagt hat. Ich brauche es nicht, ich weiß es schon lange, nämlich, daß sie fähig sind, genau so scharf zu denken, wie die Männer. Daß sie genau so fähig sind, daß sie sogar weniger eitel sind, daß sie zu größeren Leistungen imstande sind als Männer. Daß sie kein Mitleid brauchen und zu jedem Opfer fähig sind, um etwas zu tun.«[15]

Der Brief, den Max Frisch schreibt, kommt bei der Bachmann an, sehr gut sogar: Die Österreicherin und der Schweizer verabreden sich spontan für den Abend der Premierenfeier von Frischs neuem Theaterstück *Biedermann und die Brandstifter* im Théâtre des Nations. Doch statt der Aufführung beizuwohnen, verbringen sie den Abend in trauter Zweisamkeit. Das Traumpaar der Literaturszene jener Zeit scheint geboren zu sein. Sie beschließen das Zusammenleben. Pendeln hin und her zwischen Zürich und Rom, für Max Frisch ›die schönste Stadt der Welt‹. 1960 nehmen sie sich dort eine gemeinsame Wohnung. So ist das Ende der für Bachmann beruflich so erfolgreichen fünfziger Jahre geprägt durch die Beziehung zu Frisch – eine äußerst schwierige Affäre. Wenn er arbeitet, kann sie nicht schreiben. Hört sie im Nebenzimmer Schreibmaschinengeklapper, legt sie die Arbeit nieder und geht hinaus – oft zum Friseur, wo sie in Frauenzeitschriften Zerstreuung sucht. Wenn sie reist, kann er nicht schreiben: Er wartet, leidet darunter, dass Bachmann stets ihre Unabhängigkeit behauptet und zudem gro-

ßen Wert darauf legt, den Lebensgefähr-
ten und ihre Freunde nicht zusammen-
zubringen. Als ihm einmal Briefe eines
anderen Mannes in die Hände fallen,
spitzt sich die Situation zu. Er ist eifersüchtig, sie findet ihn besitzergreifend.
Die Liebesbeziehung scheint in immer
stärkerem Maße zu einem Konkurrenz-
verhältnis zu werden. Doch anders als
bei Bachmann führt die private Krise bei
ihm nicht zu einer Krise des Schreibens:
Frisch feiert Anfang der sechziger Jahre
– 1961 wird sein Stück *Andorra* urauf-
geführt – große Erfolge als Dramatiker.
Bachmanns im selben Jahr erscheinen-
der Erzählungsband *Das dreißigste Jahr*

Ingeborg Bachmann
in Berlin.

wird zwar zu einem Bestseller, dieser Reigen von Erzählungen um
unmögliche Beziehungen, die gerade aus der Unmöglichkeit heraus ihr Recht einfordern, gelebt zu werden, doch danach folgt
eine längere Zeit des Schweigens. »Ich bin seit fast zwei Jahren
permanent krank und weiß nicht, wann es mit dem Schreiben
wieder gehen wird. Es gibt kein Gedicht, keinen Krümel Prosa,
einfach nichts.«[16] 1962 gehen die beiden Schriftsteller getrennte
Wege. Ingeborg Bachmann erleidet einen Nervenzusammenbruch
und muss in eine Zürcher Klinik. Max Frisch in *Montauk:* »Wir
haben das Ende nicht gut bestanden – beide nicht.«[17]

   Die Trennung von Max Frisch ist die größte Niederlage ihres
Lebens.

> »Ich kann mir nichts Schrecklicheres vorstellen als das,
> was ich durchgemacht habe und was mich bis heute
> verfolgt, auch wenn ich heute anfange mir zu sagen,
> daß ich weitermachen muß, daß ich an eine Zukunft
> denken muß, an ein neues Leben.«[18]

Als 1964 Max Frischs Roman *Mein Name sei Gantenbein* erscheint – im selben Jahr wird Ingeborg Bachmann der Georg-Büchner-Preis verliehen –, erkennt sich Ingeborg Bachmann in der Frauengestalt Lila wieder und fühlt sich buchstäblich ausgeschlachtet – von Frisch als Anschauungsobjekt benutzt; sie verbittet sich in der Zukunft die Nennung von Frischs Namen in ihrer Gegenwart. Wenngleich sie ihn totschweigt, prägt das Thema Liebesverrat – noch jenseits vom Ende einer Beziehung – ihr Schreiben. In *Der Fall Franza* oder in *Requiem für Fanny Goldmann* – Teile des unvollendeten *Todesarten-Zyklus* – gibt Bachmann Frauenfiguren Raum, die ihrer Abscheu gegenüber dem Missbrauch durch einen Geliebten Ausdruck verleihen. »Keine Nacht, von der ich nicht zwanghaft denke, er hat sich eine Notiz gemacht«,[19] das sagt Ingeborg Bachmanns Franza.

In der Via Bocca di Leone in Rom.

Die Jahre mit Frisch, auf der Schwelle von einem Jahrzehnt zum nächsten, stellen einen fatalen Einschnitt in ihrem Leben dar. Italien, Rom, ihrem »selbstgewählten Land«, bleibt Ingeborg Bachmann indessen weiterhin treu. Diese Bilder aus einem südlichen Leben, *la dolce vita*, das Leben der Bohème, Schwarz-Weiß-Fotos zeigen die Bachmann in ihrer Küche im Haus in der Via Giulia, eine San-Pellegrino-Flasche auf dem Kühlschrank, eine angebrochene Flasche Olivenöl auf einem Regalbrett darüber, eine Kasserolle mit einem etwas zu großen Deckel auf einem Elektroherd – die beruhigenden Zeugen eines Alltagslebens, das die Autorin natürlich auch führte, was man über ihren zuweilen strengen Zeilen manchmal fast vergisst. Doch das Leben ist nicht spurlos an ihr vorbeigegangen: Wie weit entfernt ist das mädchenhafte Gesicht der frühen Jahre in Wien – apart, »mit schönen Schultern«, doch hat sich eine gewisse Härte in die Gesichtszüge der Schriftstellerin eingeschlichen, die seit dem Nervenzusammenbruch nach der Trennung von Frisch abhängig von starken Beruhigungsmitteln, Psychopharmaka ist. Nichtsdestotrotz, sie schreibt, oft unter größter Anspannung und bis zur Erschöpfung, aber Schreiben ist ihr Leben, »in sich ein Begreifen der Leere, die ich erlitten habe und die ich künstlerisch erleide.«[20]

»Hier ist immer Gewalt. Hier ist immer Kampf. Es ist der ewige Krieg«, heißt es in Bachmanns Roman *Malina,*[21] der 1971 erscheint. Einziger Ausweg für die Frau, nicht länger unter den Männern zu leiden, ist, das Weibliche in sich abzutöten – ein beständiger Akt der Selbstverleugnung. Dabei führen sicher nicht nur die privaten Erfahrungen der Autorin die Hand; der Literaturbetrieb, in dessen Mühlen sie geraten ist, ist ein Männerchor. Ähnlich der geliebten Callas ist Ingeborg Bachmann mit ihrer Stimme sehr einsam, eine Solo-Stimme in dünner Luft. Als Frau, zumal in der Star-Rolle, in der sie sich fast über Nacht wiederfand, ist sie mutterseelenallein. Als Autorin ernstgenommen zu werden, das ist sicher auch immer eine Frage der Selbstinszenierung und der Verstellung in einer Welt, in der die Konventionen von Männern für Männer gelten und leibhaftige weibliche Vorbilder rar sind. Man müsse sich dagegen wehren, dass diese Welt, die von Männern gemacht worden ist, Frauen unterdrückt, Frauen für inferior hält, so Ingeborg Bachmann, die indessen nie eine explizite Verfechterin der Emanzipation war. Umso schmerzlicher erfahren dann der Liebesverrat, begangen von einem aus demselben Metier, der ihr durch die Sprache nahe gewesen ist. Mit *Malina,* dem Roman, dessen Thema die Utopie der Liebe ist, hat Ingeborg Bachmann sich im Schreiben nach Wien zurückbegeben – und tatsächlich erwägt sie die Rückkehr in diese »Stadt ohne Gewähr«[22] und den Kauf eines Hauses in Kärnten, in der Landschaft ihrer Kindheit – zieht dann aber doch nur innerhalb

Roms um. Eine Einladung des Österreichischen Kulturinstituts in Warschau führt Ingeborg Bachmann – kurz vor ihrem siebenundvierzigsten Geburtstag – im Mai 1973 für zehn Tage nach Polen. Sie liest an den Universitäten von Krakau, Breslau, Thorn und Posen. Am 17. Oktober desselben Jahres ist sie nicht mehr am Leben. Sie erliegt, der Körper ist zusätzlich geschwächt durch jahrelangen Alkohol- und Tablettenkonsum, in einer Klinik in Rom den Folgen des Brandunfalls in ihrer Wohnung.

Ingeborg Bachmann liegt auf dem Klagenfurter Friedhof Annabichl begraben. Einem Österreich-Reiseführer aus meinen Beständen konnte ich – Kapitel Kärnten – entnehmen, dass der Name Klagenfurt – dieser »Gespenstername« – auf die an einer Furt nächtlich weinenden Totenfrauen zurückgeht. Dass es ein kleines Museum gibt, in dem sich Robert Musil – ein Sohn der Stadt – und die Autorin des *Todesarten-Zyklus,* die Räumlichkeiten teilen, wird in diesem Reiseführer nicht erwähnt.

Coco Chanel – Die Self-made-woman
Gertrud Lehnert

In den 50er Jahren schien Coco Chanel keinerlei modische Bedeutung mehr zu haben: eine alte Dame, die mit ihrem deutschen Geliebten im Schweizer Exil lebte und deren einst so erfolgreiches Modehaus schon lange geschlossen war … Und dieser alten Dame gelang mit über siebzig Jahren das fulminanteste Come Back der Modegeschichte, mit dem sie nicht nur ihren Ruhm als eine der wichtigsten Modeschöpferinnen der 20er Jahre bekräftigte, sondern unwiderruflich zur bedeutendsten Modemacherin des ganzen 20. Jahrhunderts und darüber hinaus avancierte. Sie stellte sich gegen alle modischen Trends ihrer Zeit, auch gegen Christian Dior, der mit seinem New Look große Erfolge feierte: weite gestärkte oder bleistiftenge Röcke, geschnürte Taillen, gepolsterte Busen und Hüften und Schuhe mit endlos hohen Absätzen, in denen man nicht lange gehen und schon gar nicht autofahren konnte, große Hüte und und verspielte Garnituren. Alle schüttelten den Kopf, als Coco Chanel plötzlich eine schlichte, schnörkellose und bequeme Mode zeigte – und dennoch wurde diese Mode innerhalb kürzester Zeit mindestens so erfolgreich wie die Diors. Darüber hinaus zeitigte sie Wirkungen, die bis in die Gegenwart reichen: denn sie verkörperte die wirkliche Moderne im Design, der gegenüber der unpraktische Pomp eines Dior zwar wunderschön aussieht, aber im Grunde nur modehistorische Episode war. Das Chanel-Kostüm, das Coco Chanel erst in den 50er Jahren ›erfand‹, ist zu einem Gattungsbegriff geworden, denn es bezeichnet kein Modehaus mehr, sondern einen Stil: grader, leicht ausgestellter, knielanger Rock, gerade Jacke, alles aus schönfarbigen Tweedstoffen und mit Bordüren an den Jacken- und Ärmelkanten versehen. Damit ist frau immer richtig gekleidet, es suggeriert makellosen Geschmack und die teure Eleganz des Understatement.

Coco Chanels boshafte Bemerkung, die männlichen Modeschöpfer der 1950er Jahre seien allesamt homosexuell, verstünden
nichts von Frauen und zögen sie deshalb an wie Transvestiten, ist
vor diesem Hintergrund nicht nur als Ausdruck ihres persönlichen Temperaments zu verstehen, sondern auch als geschickter
Marketing-Schachzug. Denn sie war zwar eine Frau, deren Temperament mit ihr durchgehen konnte und deren scharfe Zunge so
mancher zu fürchten gelernt hatte, aber sie war auch eine geniale
Strategin, die genau wusste, wie sie ihre Produkte möglichst vor-
teilhaft vermarkten konnte – und sei es durch die Verunglimpfung
ihrer Konkurrenten. Das ändert freilich nichts daran, dass Coco
Chanel wohl auch wütend darüber war, dass sich wieder etwas in
die Mode eingeschlichen hatte, was sie selbst ihr Leben lang so
erfolgreich bekämpft hatte und sich nun erneut zu bekämpfen
anschickte. Die neue Weiblichkeit der 50er Jahre entsprach einem
Weiblichkeitsklischee, das von Transvestiten heute noch gern inszeniert wird und frappant an Mode und Weiblichkeitsbilder des
19. Jahrhunderts erinnert. Coco Chanel verachtete diesen histo-
rischen Rückgriff. Er bedeutete für sie nicht nur einen ästheti-
schen Rückschritt, sondern auch den Rückgriff auf ein veraltetes
Frauenbild: das des abhängigen Weibchens, das den Reichtum des
Mannes demonstrativ zur Schau stellt und sich darin erschöpft,
schön, sexy und nutzlos zu sein.

Dagegen setzte Coco Chanel in den 20er Jahren und in
den 50er Jahren erneut auf eine Mode, die sich an dem orien-
tiert, was moderne selbständige Frauen wollen und brauchen.
Eine Mode, die bequem, schnörkellos und dennoch elegant
den Anforderungen des modernen Lebens genügt. Eine Mode,
die den weiblichen Körper respektiert und ihn nicht primär als
erotisches Objekt inszeniert. Coco Chanel nahm für sich völlig
selbstverständlich in Anspruch, was sie den männlichen Desig-
nern absprach: zu wissen, was Frauen wirklich wollen, ja wie sie
wirklich *sind*. Insofern fühlte sie sich ganz persönlich angegriffen
von den ihrer Ansicht nach unpraktischen, übertriebenen, ein-

Coco Chanel,
Porträt von Man Ray,
1935/36

Das Kleid »Bar«, mit dem 1947 der New Look begann.

engenden und rein ornamentalen neuen Moden der Nachkriegszeit.

Zweifellos war der Zorn, den die neue Mode in ihr auslöste, eine wichtige Triebfeder ihrer Entscheidung, mit über siebzig Jahren ein Come Back zu wagen. Dieses Come Back macht unmissverständlich deutlich, dass die 1950er Jahre widersprüchlicher sind, als der Mythos will. In der Mode zeigt sich diese Widersprüchlichkeit oder besser gesagt: die Ambivalenz zwischen Tradition und Aufbruch auf besonders anschauliche Weise, da Mode ästhetische, ökonomische und soziale Aspekte vereint und niemals nur dadurch zustande kommt, dass jemand einen Stil diktiert, sondern vor allem auch davon abhängig ist, dass dieser Stil – und sei es in Variationen – angenommen und von sehr unterschiedlichen lebendigen Menschen in ihrer Alltagspraxis überhaupt erst zu einer Mode gemacht wird.[1]

Der Faschismus und der Zweite Weltkrieg bedeuten einen Einschnitt in der Kultur Europas. Auf einer ganz vordergründigen Ebene war es eine entbehrungsreiche Zeit, in der Schönheit und Luxus keinen Raum hatten. Die Frauen hatten während des Krieges und danach viele Aufgaben übernehmen müssen, die vorher den Männern oblegen hatten. Nun war das alles vorbei, die erste harte Aufbauarbeit war geleistet, Geld floss wieder, eine gewisse materielle und soziale Sicherheit war erreicht und ließ für die Zukunft nur das Beste hoffen. Der Wunsch, endlich wieder schön zu sein, endlich wieder ›ganz Frau‹ zu sein, endlich wieder im Überfluss schwelgen zu können, wurde übermächtig und schlug gewissermaßen ins Extrem um. Eine traditionelle Geschlechterverteilung etablierte sich, die

weit hinter das zurückging, was in den 1920er Jahren erreicht worden war. Der modische Rückgriff auf das 19. Jahrhundert ist insofern kein Zufall, war er doch mit der Fantasie von einem Leben in Reichtum und Luxus verbunden (das natürlich auch damals nur einer kleinen bürgerlichen Schicht vorbehalten gewesen war). Darüber hinaus schien es die Frauen zu entlasten, indem die bürgerliche Rollenverteilung – die vor dem Krieg zumindest ein wenig ins Wanken geraten war – weitgehend wieder in Kraft gesetzt wurde. Man musste keine neuen Wege mehr suchen, sondern konnte sich bequem in der Tradition einrichten. Diese Rollenverteilung entsprach der Aufteilung in eine öffentliche und eine private Sphäre. Den Männern oblagen die Berufstätigkeit außer Haus, ferner Politik, Kunst usw., d.h. alles, was man als ›öffentlich‹ bezeichnen kann. Das wird in der Mode auch darin sichtbar, dass die Designer nun wieder fast ausschließlich Männer waren, während in den fast vier Jahrzehnten vor dem Zweiten Weltkrieg viele weibliche Modeschöpferinnen Macht und Einfluss besaßen.

Abendkleid von Charles Frederick Worth, 1894. (links)

Abendrobe von Christian Dior, 1955. (rechts)

Die Frauen wurden in den 1950er Jahren wieder zuständig für den Privatbereich: Haushalt, Kinderaufzucht, das Schaffen eines gemütlichen Heims, in dem die Männer sich von den Anstrengungen des öffentlichen Lebens regenerieren konnten. Darüber hinaus fiel ihnen, zumindest in den privilegierten sozialen Schichten, wieder der demonstrative Konsum zu, also die Demonstration des von den Männern erworbenen Wohlstands. Das ging einher mit der narzisstischen Konzentration auf die eigene Schönheit. Von den Frauen der 50er Jahre wurde ein Spagat verlangt: auf der einen Seite das Heimchen am Herd zu sein und auf der anderen Seite glanzvolle Gesellschaftsdame.

Dass die vergangen Jahrzehnte ein Grauen produziert hatten, das bis dahin unvorstellbar gewesen war, ist ein Aspekt, den man im Zusammenhang mit Mode wenig bedenkt. Aber es sei die These aufgestellt, dass er die Trendwende mit beeinflusst hat. Man wollte vergessen – und wie konnte man das besser als durch den Rückgriff auf eine vermeintlich heile Welt, in der, wie man zu glauben beschloss, Stabilität, Sicherheit und Wohlstand regiert hatten?

Zugleich waren die 50er Jahre eine Zeit des Aufbruchs. Nicht nur die Wirtschaft boomte, sondern auch Kunst und Kultur. Und das bedeutete keineswegs nur einen Aufbruch ins Alte, sondern auch einen zu neuen Ufern. Viele Frauen waren mitnichten gewillt, sich mit den traditionellen Rollen zufrieden zu geben. Sie hatten ihre Bewegungsfreiheit und ihre Selbständigkeit viel zu sehr zu schätzen gelernt, um sie wieder aufzugeben. Auf diese Strömung setzte Coco Chanel mit ihrer Vision von Mode – und nicht zuletzt mit ihrem eigenen Lebensstil. Denn es ist ganz offensichtlich, dass der ›Mythos Chanel‹ nicht nur von den Kleidern abhängt, die sie entwarf, sondern auch mit ihrer eigenen Biografie und dem, was sie in ihrem Leben an selbstbewusster, beruflich erfolgreicher und emotional wie materiell selbständiger Weiblichkeit inszenierte.

Vom Ersten Weltkrieg hatte sie profitiert, weil sie selbst und ihre Mode dem dominanten Zeitgeist geradezu perfekt entsprach, so dass sie ihn nicht nur verkörperte, sondern ihn auch mit prägen konnte. Nach dem Zweiten Weltkrieg schien sie dem Zeitgeist zu widersprechen. Freilich hatte sie offensichtlich ein Gespür dafür, dass es unterschiedliche Strömungen gab, und sie setzte auf die, die nicht auf den ersten Blick sichtbar war, da sie der offiziellen Geschlechterpolitik nicht entsprach. Und natürlich hatte sie ein höchst persönliches Interesse daran, diesen Trend zu stärken, weil sonst ihr Lebenswerk vergeblich gewesen wäre.

Auch wenn sie immer wieder betonte, sie arbeite für die Frauen, denen sie Selbstbewusstsein und Freiheit vermitteln wolle, war Coco Chanel keine Feministin. Sie war aber auch nicht frauenfeindlich, wie manche Stimmen behaupten. Chanel lässt sich nicht festlegen. Worauf sie sich aber festlegte, das war ihr Stil: ihr Lebensstil und ihr modischer Stil. Sie setzte auf Einfachheit, Funktionalität und Authentizität. Was Dior schuf, qualifizierte Chanel als Maskerade. Ähnlich reagierte sie auf die Kreationen Elsa Schiaparellis, die in den 1930er Jahren ihre große Rivalin war und eine exzentrische, fantasievolle Mode schuf, die auf Witz und Überraschungseffekte setzte und sich an der Lust am Spiel und am künstlerischen Experiment inspirierte.

Ein Blick auf die Modegeschichte des 20. Jahrhunderts zeigt, dass die Mode erstmals gleichberechtigt neben den anderen Künsten – der Malerei, der Architektur, dem Design – auf der Höhe der Zeit war. Das ist keineswegs allein Coco Chanels Verdienst. Es war Paul Poiret (1879–1944), der das Korsett abschaffte, der als erster Modeschöpfer sein eigenes Parfum lancierte und der Damenhosen einführte: elegante Haremshosen zu langen Obergewändern in üppig orientalisierendem Stil für den Abend. Und es war Madeleine Vionnet (1876–1975), die die Schnittkunst revolutionierte und fließende Gewänder aus weichen Stoffen schuf, die Chanels Entwürfe an künstlerischer Innovationskraft übertrafen. Zeitgleich mit Coco Chanel entwarf Jean Patou sportliche Kleidung. Allerdings blieb er – wie die anderen – für die Modegeschichte stets ein wenig im Schatten von Coco Chanel, die durch ihr Come Back in den 50er Jahren ihren bleibenden Ruf als *die* Modeschöpferin des 20. Jahrhunderts erringen konnte.

Patou, Vionnet und die anderen Zeitgenossen und -genossinnen waren damals längst Geschichte, während Coco Chanel aus dem Schatten der Geschichte in die Gegenwart trat und ihre Mode den veränderte Zeitläuften anpasste, das heißt, sie modernisierte. Und außerdem hatte sie den unschlagbaren PR-Vorteil, dass sie selbst in ihrer Person den modernen Stil und die neue Lebensweise verkörperte. Coco Chanel *war* die neue Frau, für die sie ihre Mode machte. Nur musste diese neue Frau nach dem Zweiten Weltkrieg wieder entdeckt werden – und da war sie auf einmal wieder ganz neu und kein bisschen verstaubt, wie manche Kritiker nach der ersten Kollektion schrieben. Chanels wirkliche Bedeutung, so meint die amerikanische Modehistorikerin Valerie Steele, liege nicht in ihren ›Erfindungen‹, sondern vielmehr in ihrer modernen Haltung gegenüber dem Stil.[2] Coco Chanel war eine moderne berufstätige Frau, die, wie sie nicht müde wurde zu betonen, von niemandem abhängig war. Das bezieht sich – abgesehen von den Anfängen – sowohl auf ihre Beziehungen zu ihren verschiedenen Liebhabern im Laufe der Jahrzehnte als auch auf ihre Arbeit. Das, was sie war, hatte sie, die aus einfachsten Verhältnissen stammte, sich selbst hart erarbeitet; sie war eine ›Self-made-woman‹, getrieben vom Ehrgeiz und brennend an ihrer Arbeit interessiert, die für sie keineswegs nur Mittel zum Zweck oder vorübergehende Beschäftigung bis zu einer Eheschließung war. Sie trieb Sport, war unsentimental, glich ihre Lebensweise wie ihre Mode den Erfordernissen ihres aktiven Lebens an, und ihre Liebesbeziehungen zu Männern waren – zumindest in ihren späteren Jahren – insofern moderne Beziehungen, als sie nicht von dem typischen Mann-Frau-Gefälle geprägt waren, die auch in den 1950er Jahren noch bzw. wieder so viele Beziehungen charakterisierte. »Sie liebte Männer«, schreibt Axel Madsen, »hasste es jedoch, abhängig von einem Mann, ganz gleich von wem, zu sein.«[3] Dass sie unverheiratet und kinderlos blieb, ist vielleicht weniger eine bewusste Entscheidung als etwas, was sich so ergab, jedoch macht auch dieser Aspekt ihrer Biografie Chanel »modern«.

Mit Coco Chanel wurde in den 20er Jahren sonnengebräunte Haut zum Zeichen für Gesundheit, Sportlichkeit und Freizeit. Sie vertrat die Meinung, Frauen seien selbst verantwortlich für ihre Gesundheit und ihr Äußeres. Aus diesem Grund stehen genug Schlaf, Bewegung und gesunde, mäßige Ernährung für sie an erster Stelle, aber auch eine sinnvolle Beschäftigung:

> »Die Natur gibt uns das Gesicht, das wir mit zwanzig haben. Das Leben formt unser Gesicht mit dreißig. Das Gesicht jedoch, das wir mit fünfzig haben, das verdienen wir uns selber. (…) Mit fünfzig ist eine Frau verantwortlich für ihr Gesicht.«[4]

Modern ist Coco Chanel auch darin, dass sie stets die Frauen und deren Bedürfnisse in den Mittelpunkt ihrer Arbeit stellte, nicht ihre eigene künstlerische Kreation. Zwar meinte sie mit der modernen Frau, für die sie arbeitete, zumeist sich selbst. Aber mit ihren persönlichen Vorlieben traf sie eine allgemeine Tendenz, der sie zum Ausdruck verhalf. Auf ihre Art rebellierte sie, darin ähnlich den (allerdings erfolglosen) Modereformern des 19. und frühen 20. Jahrhunderts, gegen eine Modediktatur, der es auf die modische Neuerung um ihrer selbst willen ankam, die auf interessante oder schöne Formen und Linien setzte, sich jedoch nicht nach den Bedürfnissen des weiblichen Körpers richtete. Coco Chanel war in den 20er wie in den 50er Jahren davon überzeugt, diese Bedürfnisse erkannt zu haben, und sie suchte sie zu erfüllen, indem sie zweckmäßige und gleichzeitig ästhetisch ansprechende Kleidung entwarf. Ihre Modernität liegt nicht zuletzt in der Verbindung von Funktionalität und Schönheit. Coco Chanel sagte einmal von ihrer Arbeit:

Coco Chanel auf den
Schultern von
Serge Lifar, einem
Tänzer des
»Ballets russes«.

108

»Ich bin gegen eine Mode, die nicht dauert. Das ist meine männliche Seite. Ich kann es nicht ertragen, dass man seine Kleider wegwirft, bloß weil Frühling ist. (…) Es gibt keine Mode mehr. Die machte man für ein paar hundert Personen. Ich habe einen Stil kreiert für die ganze Welt.«[5]

Chanels Äußerung erweckt den Eindruck, als hätte sie es auf eine Demokratisierung der Mode angelegt. Das ist nur zum Teil richtig. Denn zwar sind die Formen und Linien, die sie einführte, imitiert worden, und Coco Chanel soll nichts dagegen gehabt haben, denn auch ihr war klar, dass sie einen *Stil* nur dann schaffen konnte, wenn sich ihre Linie auf breiter Basis durchsetzte, aber dennoch hat sie Mode für gut betuchte Frauen gemacht.

Auch dieser Stil war durchaus der Mode unterworfen und sah in den 30er Jahren anders aus als in den 20er oder den 60er Jahren (ganz zu schweigen von den Modernisierungen, die Karl Lagerfeld seit den 80er Jahren mit dem damals als veraltet geltenden Chanel-Stil vornahm). Dennoch ist er grundsätzlich in allen seinen Modifikationen durch die Jahrzehnte als Stil erkennbar. Genau diese Verbindung von etwas Bleibendem mit dem Wandelbaren macht die Wirkkraft dieses Stils in der westlichen Welt aus.

Coco Chanel ist zum Mythos geworden. Ohne sie und ihren bestimmenden Einfluss wäre die Mode des 20. Jahrhunderts nicht das, was sie heute ist. Ein Mythos ist sie auch insofern, als sie ihre eigene Biografie geschaffen hat. Unzufrieden mit den Tatsachen, erfand sie sie neu, gab ihnen eine neue Bedeutung, kurz: sie stilisierte sich und ihr Leben wie ihre Arbeit zu einem Kunstprodukt.

Trotzdem wissen wir recht viel über Coco Chanels Leben. Sie wurde als Gabrielle Chanel 1883 in Saumur geboren. Der Vater war Hausierer, die Mutter starb früh. Gabrielle und ihre Schwestern wurden in einem Kloster auf Kosten der Fürsorge großgezogen. Wie alle jungen Frauen, lernte Gabrielle die üblichen hausfraulichen Fähigkeiten. Nach Beendigung der Schulzeit arbeitete sie als Verkäuferin in einem Aussteuergeschäft in Moulins; nebenbei versuchte sie sich – ziemlich erfolglos – als Sängerin in den Konzertcafés der Garnisonsstadt. Der Traum vom Ruhm verlief noch in ganz traditionellen Vorstellungsgleisen: Sängerinnen und Schauspielerinnen konnten berühmt und reich werden; andere Möglichkeiten hatte eine junge Frau ohne Vermögen und Herkunft kaum.

Mit zweiundzwanzig entschloss sie sich, mit dem Infanterieoffizier Etienne de Balsan auf dessen Landgut Royallieu zu leben. Etienne de Balsan stammte aus guter Familie, war ein fanatischer Reiter und Jäger und besaß bereits eine offizielle Maîtresse. Emilienne d'Alençon war eine der berühmtesten Kokotten ihrer Zeit, für die die junge Frau aus der Provinz wohl keine ernstzunehmende Konkurrentin war. Wie Gabrielle Chanel es aufnahm, die zweite Geige zu spielen, wissen wir nicht. Ihr Biograph Axel Madsen vermutet, dass das Leben mit Etienne, auch wenn sie in keinem Fall von einer Ehe träumen konnte, die einzige Chance war, »ihrer schäbigen Vergangenheit und der Mittelmäßigkeit zu entgehen, die Frauen ihrer Art in der Provinz sicher war«.[6]

Coco wurde eine begeisterte und ausgezeichnete Reiterin, und sie frönte dieser Leidenschaft anders als viele Damen ihrer Zeit nicht nur in Reitkleid und Damensitz. Sie ritt vielmehr oft im Herrensitz und trug dazu auch schon einmal enge Jockeyhosen mit einer Hemdbluse. Das Reiten muss ihr eine Ahnung davon vermittelt haben, wie bequeme, zweckmäßige Kleidung für den Alltag von Frauen aussehen könnte. Aber auch wenn sie Frauenkleider anzog, war sie stets schlichter gekleidet als andere. Das war eine persönliche Vorliebe, aber es war mehr als das: Es entsprach einem sich langsam entwickelnden Zeitgeist.

Chanel setzte auf ihrem Weg in die Moderne auf andere Werte als die traditionelle weibliche Schönheit. Sie setzte auf Sportlichkeit, Aktivität und Eigenständigkeit. Indem sie dem

Körper anderes abverlangte als nur Objekt der Begierde zu sein, das geschmückt werden muss, entdeckte sie eine neue Weiblichkeit, deren Schönheit (vermeintlich) von innen und vom »natürlichen« Körper kommt. Mit »Natürlichkeit« meinte Chanel aber keineswegs ein unveränderliches Gegebenes, sondern ein gewisses Etwas, das der Pflege und Arbeit bedarf, damit es sich überhaupt entfalten könne:

> »Was ist denn eigentlich eine schlechte Figur? Das ist eine Figur, die bis in die einzelnen Glieder hinein ängstlich ist. Eine solche Ängstlichkeit in der Haltung kommt daher, daß man seinem Körper nicht gegeben hat, was ihm zusteht. Ein Mädchen, das sich schämt, weil es seine Schulaufgaben nicht gemacht hat, hat denselben Ausdruck wie der Körper einer Frau, die nicht gelernt hat, was Natur ist.«[7]

Der Körper *ist* nicht einfach natürlich, sondern er muss erst lernen, was natürlich ist, um es sein zu können – das ist eine sehr moderne und differenzierte Ansicht von Identität, einer großen Modemacherin angemessen, die ja durch ihre Mode den Frauen beizubringen versuchte, was ›natürlich‹ sei.

Durch die Adaptation männlicher Strukturprinzipien, so die Modehistorikerin Anne Hollander[8], sei die Frauenmode im 20. Jahrhundert erst modern geworden, gut einhundertfünfzig Jahre nach der Männermode. Denn der Männeranzug, Inbegriff der Männerkleidung seit der Französischen Revolution, sei nach deutlich erkennbaren Prinzipien konstruiert. Er sei ein kohärentes und dynamisches Ganzes, während die Frauenkleidung bis zu den 20er Jahren nur ostentativ und oberflächlich ornamental sei. Coco Chanel hat vielleicht die Frauenkleidung nicht vermännlicht – uns kommen ihre Entwürfe ganz und gar nicht mehr männlich vor, so sehr haben sich die Wahrnehmungsweisen geändert –, aber sie übernahm tatsächlich Konstruktionsprinzipien der

Männerkleidung und konstruierte damit die Frauenkleidung von Grund auf neu. Wie schon gesagt: Sie war nicht die einzige, die das tat. Aber in ihr fand der Zeitgeist seine idealtypische Ausprägung und Interpretin.

Coco Chanels modische Laufbahn begann mit der Herstellung von Hüten. In einer Zeit, in der Damenhüte ausladend und mit allerlei Tand – Vögeln und Vogelnestern, Bändern, Blumen und Federn – reich garniert waren, fielen ihre schlichten, fast ungeschmückten und vergleichsweise kleinen, aber schmeichelnden Kopfbedeckungen notwendig ins Auge. Ihr Erfolg mit ihren Hüten ermutigte sie dazu, 1908/1909[9] ihr erstes Geschäft in Paris zu eröffnen. Mittlerweile war sie mit dem Engländer Arthur (»Boy«) Capel liiert, der sie finanziell und auch moralisch unterstützte, indem er ihr stets zuredete, ihre Wünsche nach Selbständigkeit auch umzusetzen.

Bald gesellten sich Kleider zu den Hüten. Man fragte Coco Chanel, wer sie einkleide. Das war sie selbst, und sie bot an, der Fragerin zu einem hohen Preis ein ähnliches Kleidungsstück anzufertigen. Coco Chanel muss von Anfang an großes Geschäftsgeschick gezeigt haben, und das behielt sie ihr Leben lang.[10] Nie verschleuderte sie ihre Kreationen, denn sie wusste sehr genau, dass ein hoher Preis viele Dinge begehrenswerter, da exklusiver macht. Das galt in den 50er Jahren vielleicht noch mehr als in den 20er Jahren. Wenn sie einmal ein Stück verschenkte, hatte das einen großen Werbeeffekt.

1913 eröffnete sie ihre erste Modeboutique im Badeort Deauville, 1916 eine zweite in Biarritz. In Paris mietete sie eigene Geschäftsräume in der Rue Cambon. Bis heute ist das die Adresse des Hauses Chanel. Auch als der Erste Weltkrieg ausbrach, verkaufte sie stetig weiter, denn ihre geraden Röcke, ihre Blusen im Matrosenstil, die Rollkragenpullover und die gegürteten Jacken waren zweckmäßig und schön zugleich. 1916 wurde erstmals ein Entwurf von ihr in der amerikanischen *Harper's Bazaar* veröffentlicht, mit dem schmeichelhaften Kommentar: »Chanels entzückendes Hemdblusenkleid«. 1916 war auch das Jahr, in dem Coco Chanel der Firma Rodier einen Restposten an beigefarbenem Jersey abkaufte, ein Material, das man bisher nur für Männerunterwäsche verwendet hatte. Chanel zauberte aus diesem vermeintlich unedlen, nicht couture-fähigen Material Kostüme und Kleider und erzielte damit einen Riesenerfolg. Außerdem verwendete sie Flanell, einen Stoff, der bislang nur für englische Männerkleidung verwendet worden war.

Inzwischen hatte sich der von ihr und anderen propagierte Stil mehr und mehr durchgesetzt. Er war zeitgemäß und den neuen Lebensbedingungen angepasst. Mehr bürgerliche Frauen als früher waren berufstätig und standen auf eigenen Füßen, wenn auch meistens nur in den weniger gut bezahlten Berufen (Büroarbeit wurde damals zu einem wichtigen Beruf für junge Frauen). Die Frauen hatten sich im Krieg an Selbständigkeit gewöhnt und waren nicht gewillt, sie wieder aufzugeben. Sie trieben Sport, fuhren Auto, vergnügten sich in Bars und Variétés und galten nicht mehr ohne weiteres als gefallene Mädchen, wenn sie Liebhaber hatten. »Modernität« war ein Schlagwort der Zeit; wer auf sich hielt, suchte modern zu sein. Indem die Mode den Frauen ein neues Körpergefühl vermittelte, änderte sie ihre Einstellungen und machte sie ein wenig freier. Coco Chanel nahm später für sich in Anspruch, sie habe die Frauen befreit. Sie hat zumindest dazu beigetragen.

1924 brachte Chanel ihr erstes Parfum auf den Markt: Chanel No. 5, bis heute ein Klassiker. Und Coco Chanel entwarf auch Modeschmuck, jene auffälligen Riesenklunker, die sie in verschwenderischer Fülle über ihre schlichten Kleider und Kostüme drapierte und oft mit echtem Schmuck kombinierte. Durch diesen falschen, aber auffälligen Prunk, der dem Verdikt »geschmacklos« nur wegen des Kontrastes zu den überaus dezenten Kleidern entgeht, wird Chanels Mode ein fast ironischer Akzent verliehen.

113

Die neue Zeit machte sich auch darin bemerkbar, dass eine Frau ungeachtet ihrer Herkunft nur aufgrund ihrer Arbeit nicht nur die finanzielle, sondern auch die gesellschaftliche Leiter emporsteigen konnte. Ihre Firma wurde immer größer und Chanel selbst immer reicher. Da sie weder zeichnen noch Modeskizzen anfertigen konnte, entwarf Coco Chanel ihr Leben lang die Kleider am lebenden Modell. Aus weißem Musselin drapierte, zupfte, schnitt, steckte und nähte sie, bis das Mannequin, das stundenlang stillstehen und alles über sich ergehen lassen musste, vor Müdigkeit fast zusammenbrach, was ihr von Seiten Chanels nur Verachtung eintrug. Später wurden die Entwürfe von Chanels erfahrenen »premières«, den Vorsteherinnen der Werkstatt, und den vielen tausend Näherinnen, die Chanel damals schon beschäftigte, in ›echte‹ Kleider umgesetzt und von den Verkäuferinnen in ihrer eigenen Boutique in der Rue Cambon verkauft.

Coco Chanel bezahlte ihre Angestellten so schlecht, wie es damals noch oft üblich war. Ihnen gegenüber war sie geizig, während sie andererseits viele Künstler großzügig finanziell unterstützte: Sergei Diaghilew und seine Ballets Russes finanzierte sie die Aufführung von *Le sacre du printemps* im Jahr 1921; Igor Strawinski lebte lange Zeit in ihrem Haus und auf ihre Kosten, Jean Cocteau bezahlte sie seine Entziehungskuren. Aber ihre Angestellten sollten froh sein, für einen Hungerlohn für sie arbeiten zu dürfen. Das ist aus der sozialen Lage ihrer Zeit zu erklären, in der Arbeitnehmer noch verhältnismäßig wenige Rechte hatten und für ihre Arbeitgeber Nicht-Personen waren, abhängig von deren Gunst. Es hat aber auch mit Coco Chanels eigener Geschichte zu

tun und entspricht womöglich einer psy-
chologischen Struktur, die noch heute
zu beobachten ist, wenn Frauen Karriere
machen: Sie hatte es, wie sie meinte, ja
auch allein geschafft, warum also sollten
andere es leichter haben? Sie hatte jetzt
Macht, und die wollte sie für sich allein.

Chanel unterstützt nicht nur
Künstler, sondern sie arbeitete mit ihnen
zusammen. 1923 entwarf sie die Kostüme für eine Adaption von Sophokles'
Antigone durch Jean Cocteau, für die
Arthur Honegger die Musik geschrieben und Picasso das Bühnenbild gemalt
hatte; es wurde eine Aufsehen erregende
avantgardistische Inszenierung. Ein Jahr

später stattete sie *Le Train Bleu* aus, ein Stück der Ballets Russes, für das Cocteau das Szenario und Darius Milhaud die Musik
schrieb und das Bronislawa Nijinska choreografierte. Von Picasso
stammte der Bühnenvorhang; das kubistisch inspirierte Bühnenbild schuf der Bildhauer Henri Laurens.

Chanels Privatleben verlief wechselhafter als ihr kontinuierli-
cher beruflicher Aufstieg. Boy Capel, die große Liebe ihres Lebens,
heiratete 1918 eine junge Frau aus guter Familie. Zwar gab er die
Beziehung zu Coco nicht auf, aber sie änderte sich. Ein Jahr später
kam er bei einem Autounfall ums Leben. Coco Chanel betrauerte
Boy Capel, als wäre sie seine Witwe.

Anfang der 20er Jahre hatte sie eine etwa ein Jahr während
Liaison mit dem aus Russland geflüchteten Großfürsten Dimitri.
Später war sie jahrelang verbunden mit dem Herzog von West-
minster. Auch der Herzog heiratete dann in der Hoffnung auf
einen männlichen Erben eine andere, jüngere Frau (die ihm
den gewünschten Erben übrigens nicht schenkte). Es folgte eine
Beziehung zu Paul Iribe, dem Zeichner, der für Paul Poiret seine

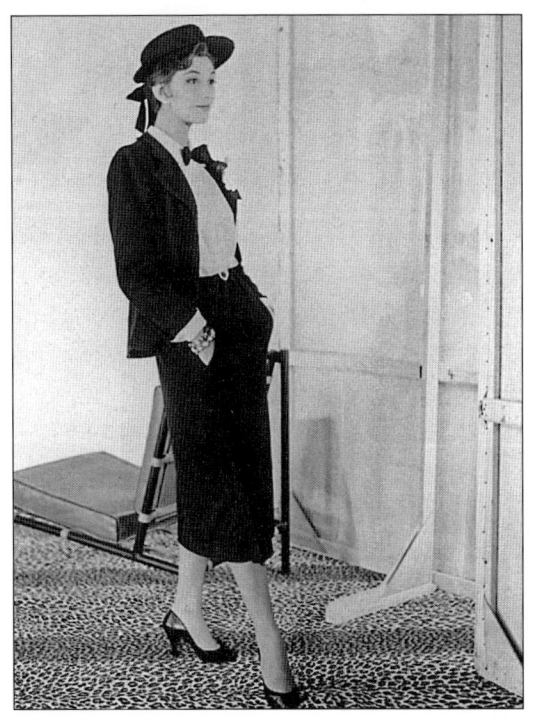

Modell im
Chanelkostüm der
50er Jahre.

heute noch berühmten Modezeichnun-gen machte und Anfang der 20er Jahre in Hollywood Filme ausstattete. Iribe erlitt während eines Tennismatchs kurz vor der geplanten Hochzeit mit Chanel einen Herzinfarkt. Im Zweiten Welt-krieg hatte Coco Chanel einen deut-schen Nazi-Offizier zum Geliebten, was ihr im Gegensatz zu anderen Französin-nen, die deutsche Geliebte hatten, nach dem Krieg nicht schadete. Während des Krieges war das Haus Chanel geschlos-sen; nur Parfum war in der Boutique in der Rue Cambon noch erhältlich. Coco Chanel lebte im Hotel Ritz und nach dem Krieg in ihrem Haus bei Lausanne.

Coco Chanels Come-back-Kollektion 1954 war zunächst ein Fiasko. Die Presse schrieb, Chanel hätte unverändert die Mode der dreißiger Jahre vorgeführt, die niemand mehr sehen wolle; sie hätte nichts Neues gebracht, sondern einen faden Aufguss des Alten. Nichts ist in der Mode unverzeihlicher als die verfrühte Wiederaufnahme des Alten. Chanel ließ sich jedoch nicht ent-mutigen, und binnen kurzem gab der Erfolg ihr recht. Er ging dieses Mal von Amerika aus, wo man Chanels Stil besser zu schät-zen wusste und ihn bald als zeitgemäß und demokratisch feierte. »Nach sechs Jahren waren die Vereinigten Staaten ›chanelisiert‹.«[11] Marcel Haedrich betont, dass dieser Erfolg auch darauf zurückzu-führen sei, dass ihre Schnitte sich wunderbar für die neuen indus-triellen Massenfertigungstechniken eigneten. Und »nur vier Jahre nach ihrem Wiedereintritt in die Branche gestand man ihr den wichtigsten Modeeinfluss der Welt zu«.[12] Ihre Rocklängen waren nach wie vor gemäßigt und folgten dem Prinzip, eine Frau müsse sich ungezwungen darin bewegen und hinsetzen können. Ihre

Kostüme aus Jersey und Tweed, mit der berühmten geflochtenen Borte um die Jackeneinfassung, kragenlos, mit goldenen Knöpfen und getragen mit viel auffallendem Modeschmuck, wurden zeitlose Klassiker, die heute noch, wenn auch von Karl Lagerfeld modernisiert und verjüngt, aber dennoch unverkennbar, auf dem Markt sind und unzählige Male imitiert werden. Mehr noch: Der Chanel-Stil ist zu einem Gattungsbegriff geworden, ohne dass die entsprechenden Kleidungsstücke, z. B. ein Chanel-Kostüm, aus dem Hause Chanel stammen müssten. Die Stilbezeichnung Chanel ist Inbegriff klassischer Eleganz und einer Mode, mit der eine Frau nichts falsch machen kann.

Das kleine Schwarze, das Coco Chanel Mitte der 20er Jahre erfunden und populär gemacht hatte – der Ford der Mode, wie die amerikanische *Vogue* damals geschrieben hatte – wurde durch Audrey Hepburn in den 50er und 60er Jahren wieder in Mode gebracht und feierte Triumphe. Zum ›Ford der Mode‹ passt auch Coco Chanels Äußerung: »Die Mode ist ein Geschäft und keine Kunst und wir sind keine Genies, sondern Lieferanten.«[13] Experimente lagen ihr jetzt wie früher fern, sie blieb beim einmal gefundenen Stil. Den jedoch passte sie unmerklich dem veränderten Zeitgeist an, und das noch die gesamten 60er Jahre hindurch.

Coco Chanel arbeitete hart bis zu ihrem Tode 1971. Von Marlene Dietrich gefragt, warum sie wieder zu arbeiten begonnen habe, erwiderte Coco Chanel: »Weil ich mich zu Tode gelangweilt habe.«[14]

Marilyn Monroe – Unschuldiges Sexsymbol

Barbara Sichtermann

Die umwerfendste Blondine, das tollste Weib, die überzeugendste Sex-Ikone des US-Kinos der fünfziger Jahre heißt Marilyn Monroe. Sie war die erotischste Frau der Leinwand, außerdem eine sehr sensible, vielseitige Schauspielerin und eine Sängerin mit kleiner Stimme, aber großem Ausdrucksvermögen. Dennoch erzählen alle Biografien die traurige Geschichte einer Frau, die ihr Leben lang auf der Suche nach Liebe war, die ihre sie nie verlassenden Minderwertigkeitsgefühle mit Tabletten bekämpfte, die im Grunde immer krank war, oft auch verzweifelt. Ihre gescheiterten Ehen, ihre harte Kindheit, in der von Waisenhaus-Tristesse über bigotte Pflegefamilien bis hin zu Missbrauchsattacken kaum ein Ungemach gefehlt hat, ihre Rollen, die ihr nicht immer zusagten – all das wird daran mitgewirkt haben, dass Marilyn Monroe eine instabile Persönlichkeit entwickelte, der letztlich die Macht, die ihr durch ihre Schönheit, ihre Ausstrahlung und ihren Erfolg zuwuchs, nicht gut bekam. Es bleibt dennoch schwer nachzuvollziehen, dass eine Frau, die so hart gearbeitet hat, um nach oben zu kommen, und der nach den Entbehrungen ihrer Jugend der Durchbruch an die Spitze eigentlich eine tiefe Befriedigung hätte verschaffen müssen, so wenig Glück aus ihrem Starruhm schöpfen konnte und sich am Ende wie ein unseliger Junkie mit einer Überdosis aus dem Leben stahl.

Die Gründe für den außergewöhnlichen Erfolg der Monroe liegen zunächst mal in ihrer Körperlichkeit: Es gibt wohl kaum einen weiblichen Reiz, den sie nicht besaß. Ihr Typ gehört in diese Zeit; die fünfziger Jahre bevorzugten füllige Frauen, sie bewunderten einen großen Busen und ein ausladendes, wohl gerundetes Hinterteil. Spätere Dekaden wünschten sich ihre Film-Diven schlanker, insofern hatte Monroe Glück. Sie wurde für das passende

Marylin Monroe während der Drehpause zum Film *Das verflixte siebte Jahr.*

119

Jahrzehnt geboren. Bei aller Üppigkeit aber war sie auch zart und biegsam, die Taille war schmal, die Beine waren lang und die Fesseln zierlich. Und dann ihr Antlitz: es war herzförmig, klar, süß, von ergreifend naivem Ausdruck. Sowohl beim Gesicht als auch bei der Figur und bei der Garderobe hat allerdings das Styling viel zum Look der Marilyn Monroe beigetragen: Die ursprünglich braunhaarige Frau überzeugte erst so richtig als weizenblonder Vamp mit leicht nach oben versetzten Brauen und künstlichen Wimpern über den sehnsuchtsvoll schimmernden blaugrünen Augen. Auch die Linie des Mundes wurde durch Betonung der leicht vorstehenden Unterlippe verändert. So kam ein Zug von verhaltenem Trotz und Stolz in ihr weiblich-werbendes, weiches Mienenspiel. Monroes Kleider hingegen waren – weder im Privatleben noch in ihren Rollen – keine kunstvolle Kreationen, die auch für sich hätten überzeugen können, sondern dienstbare Hüllen, die keine andere Bestimmung hatten, als ihren Körper, seine Kurven, seine Wölbungen, seine zarten Zonen zu umfließen und zu betonen. Meisterstück eines solchen fast immer eng anliegenden Gewandes ist das helle dünne Nichts von einem Abendkleid, das sie als Sängerin Sugar in *Manche mögen's heiß* (1959) sowohl auf der Bühne als auch in der großen Szene auf der Yacht mit Tony Curtis trägt. Der Ausschnitt läßt im Grunde den ganzen herrlichen Busen sehen, denn den bedeckt nur ein kaum wahrnehmbares Stück durchsichtiger weicher Gaze. Wohl kaum je ist eine Schauspielerin so kühn zugleich angezogen wie ausgezogen durch einen Film stolziert.

Wie nun passt die Sex-Ikone Marilyn Monroe in die angeblich so prüden Fifties, in denen Doris Day eine Hausfrauenschürze trug und Liz Taylor zwar immer Ausschnitt, aber doch viel dramatische Fraulichkeit, die mit dem Sex im Grunde um Liebe warb? Auch wenn Monroes Pola in *Wie angelt man sich einen Millionär* (1953) den Millionär natürlich heiraten will und ihre Kay in *Fluß ohne Wiederkehr* (1954) am Schluss vom Partner Robert Mitchum zwecks Heimführung über die Schulter geworfen wird – die Geschichten, die ihre Filme erzählen, handeln von einem Mädchen, das erst einmal vor allem sexy ist und davon und dafür lebt und meist auch den entsprechenden Beruf hat: Revuegirl, Barsängerin, Tänzerin. Die bürgerlichen Happyends mit den Hochzeitsglocken wirken aufgesetzt, im Grunde ist Marilyn Monroe nur dazu bestimmt, als ewige Circe die Männer zu verlocken. Dass ihre gar nicht künstliche oder sublime, sondern sehr vitale und direkte sexuelle Ausstrahlung in den Fünfzigern eine Weltkarriere tragen konnte, ist dann kein Widerspruch mehr, wenn man akzeptiert, was ihre Biografin Barbara Leaming über sie und ihre Zeit zu resümieren weiß:

»Merkwürdigerweise lässt sich gerade mit den puritanischen Wurzeln der amerikanischen Gesellschaft die Jahre dauernde Anziehungskraft Marilyns erklären. Auch nach den Umbrüchen der 60er Jahre, der sexuellen Revolution, dem Feminismus und anderen Entwicklungen bleibt Amerika im Grunde seines Herzens eine puritanische Kultur, die sich von der Macht des Sex bedroht sieht und sofort mit den Fingern auf jeden zeigt, der die Grenzen verletzt. Das lebensvolle Bild Marilyn Monroes setzt eine andere Botschaft dagegen, und je größer unsere Ängste sind, umso mehr fühlen wir uns von ihr angesprochen. Marilyn symbolisiert die Verheißung, dass Sex unschuldig und gefahrlos sein kann. Das mag vielleicht nicht die Wahrheit sein, aber so werden wir es uns immer wünschen.«

Monroe hat etwas Einmaliges fertig gebracht: Sie hat Sex mit Unschuld, Humor und Leichtigkeit verbunden und so all denen, die sich im Bannkreis dieser animalischen Macht gefangen fühlen oder vor einer solchen Gefangenschaft Angst haben, einen gangbaren Ausweg eröffnet.

Dafür wurde sie von ihrem Publikum geliebt. Um ihm entgegen zu kommen, ersannen die Filmemacher Rollen für Monroe, in denen sie trotz ihres Sexappeals eine rührende Unschuld ausstrahlen durfte. So in den großen Komödien *Blondinen bevorzugt* (1953), *Wie angelt man sich einen Millionär?* und *Das verflixte siebte Jahr* (1955). So auch in dem fulminanten Lustspiel *Der Prinz und die Tänzerin* (1957), in dem Monroe als Elsie Marina den britischen Theatergott Laurence Olivier an die Wand spielt. So schließlich auch in ihrem größten Erfolg *Manche mögen's heiß*. In all diesen Rollen scheint sich Marilyn der gefahrvollen Seite ihres Sexappeals eher nicht bewusst zu sein, so dass man ihr die Macht, die sie ausübt, nicht nur verzeiht, sondern sich in diesen Machtbereich mit Sympathie und einer gewissen Wollust hineinbegibt. Dieser Pakt zwischen Marilyn und ihrem Publikum hat immer aufs prächtigste funktioniert. Er hat die Schauspielerin durch ihre Karriere getragen und für die Stetigkeit ihres Erfolges gesorgt. Er gilt bis heute. Leider aber stand er auf keinem Papier, wurde er nie in Worte gefasst, nie mit Brief und Siegel versehen. Wäre es so gewesen, hätte Monroe vielleicht jene Sicherheit, jenes Zutrauen zu ihren Fähigkeiten entwickelt, die ihr aller Resonanz zum Trotz bis zum Ende fehlten.

Dass Marilyns Sex unschuldig ist, ist allerdings nicht die ganze Botschaft. In *Niagara* (1952), einem der ersten Filme, in dem sie die Hauptrolle spielt, ist Marilyn die Verderberin, die es auf das Leben ihres ungeliebten Mannes abgesehen hat. Und in *Fluß ohne Wiederkehr,* einer bescheidenen filmischen Ballade von großem lyrischen Reiz, ist ihre Barsängerin Kay, die als Geliebte eines betrügerischen Goldgräbers eingeführt wird, keineswegs bloß die patente Gefährtin, als die sie den positiven Helden, einen von Robert Mitchum gespielten schlichten Farmer, schließlich überzeugt, sondern auch die *femme fatale*, die in Mitchum Gelüste weckt, gegen die er sich den halben Film hindurch heldenhaft, aber vergeblich wehrt. Schließlich sucht er sein Heil in der Gewalt.

M. M. im Film
Niagara.

Er fällt Kay förmlich an, es kommt zu einem erbitterten Kampf zwischen den beiden, und es muss erst ein echter Leopard aus dem Unterholz brechen, damit er von ihr ablässt. Das wilde Tier symbolisiert sowohl ihre Ausstrahlung = Macht und seine Begierde = Ohnmacht. Es ist das alte Lied, das nicht erst die Fünfziger angeschlagen haben und das die zugleich dramatische, schicksalhafte und verzweiflungsvolle Leitmelodie von Marilyns Leben war: Ihrer Reize wegen wird sie hofiert, ins Scheinwerferlicht gezogen und auf die Leinwand gebannt. Dieselben Reize sind es dann, die die Männer dazu bringen, den Verstand zu verlieren, gewalttätig zu werden oder sich zu ruinieren. Und Schuld daran hat natürlich niemand anderes als die berückende Frau. Hier verlor so mancher ihrer Liebhaber und Ehemänner seinen Humor. Auch auf der Leinwand und bei den Dreharbeiten ging es nicht immer lustig zu. Der tiefe Konflikt, der in ihrem Sexappeal beschlossen lag, war in jener Zeit trotz der Entschlossenheit des US-Kinos, ihre Reize bis an die Grenze der Zensur zu vermarkten, nicht vollends durch das komödiantische Fach, das ihr so lag, zu entschärfen.

Heute sind wir weiter. Das US-Kino unterteilt die Menschheit nicht mehr in sündige (und brave) Weiber und stets gute, allein durch die erotische Verlockung vom rechten Weg gedrängte Mannsleut. Der Mann, der sich verführen lässt, wird mittlerweile als Mensch angesehen, der die Wahl hat, und wenn er der Sünde frönt, so ist es seine Entscheidung. Das war in den Fifties noch anders. Die überwältigende Macht des Sexus unterwarf einen Mann, der in seiner konstitutionellen Harmlosigkeit als wehrlos galt. Das Attribut »verführerisch« haftete nur Frauen an, und es war per se mit der diabolischen Absicht verflochten, die Männer fertig zu machen, sie zumindest um ihre Ruhe zu bringen. Dass auch Männer den Frauen ihr Gleichgewicht rauben können, ja, dass die Verführung als Strategie eine ursprünglich männliche Erfindung ist, geriet aus dem Blick. Und das Verwirrendste war, dass eine Frau gar nicht zweckvoll darauf aus zu sein brauchte, die Männer vom Pfad der Tugend abzubringen. Wenn sie das Zeug

dazu hatte, wenn ihr Aussehen, ihr Gang, ihre Stimme von Natur aus eine so erotische Qualität besaßen wie bei Marilyn Monroe, dann war diese Frau auch verantwortlich, wenn die Männer hinter ihr hergafften, dabei rote Ampeln überfuhren und Massenkarambolagen auslösten.

Hier liegt ein weiterer Grund für den Welterfolg der Monroe. Die haltlose Frau, die von Beginn ihrer Karriere Alkohol, Tabletten und mindestens einen männlichen Beschützer brauchte, war zugleich ein Arbeitstier, besessenen von Ehrgeiz und mit geradezu selbstzerstörerischer Konsequenz auf Anerkennung ihrer Persönlichkeit bedacht. Sie brachte – zum Ärger ihrer Regisseure – meistens einen Coach in Gestalt einer Schauspiellehrerin oder Beraterin mit zum Set, mit der sie jede Szene minutiös probte und auf deren Kontrolle sie auch während des Drehs bestand. Häufig ist in Monroes Biografien und in den vielen Geschichten über sie von ihren Ausfällen und Verspätungen während der Dreharbeiten die Rede, dann folgen Hinweise auf ihren Tablettenkonsum.

Im Film *Nicht gesell-schaftsfähig*, 1960.

Dass sie zu Beginn ihrer Karriere häufig deshalb ausfiel, weil sie die Nacht durch geprobt hatte beziehungsweise fürchtete, noch nicht gut genug zu sein und deshalb eine weitere Vorprobe zu brauchen, wird oft nicht dazu gesagt. Sicher, für das Film-Team ist es egal, aus welchen Gründen die Hauptdarstellerin nicht am Set erscheint, jeder Ausfall ist eine Katastrophe und kostet Geld. Für die Beurteilung von Monroes Leistung und Wirkung aber ist es entscheidend, dass diese Schauspielerin nicht einfach nur ihre tollen Formen in die Kamera hielt, sondern um den Charakter, den sie darzustellen hatte, mit aller Kraft und unter Einsatz professioneller Berater gerungen hat. Sie wollte nichts dem Zufall überlassen. Sie wollte auf der Leinwand nicht bloß sexy sein, sondern ein Mensch mit Charakter. Der Riesenanstrengung, mit der sie sich in ihre Rollen hineingewühlt hat, ist es – wie man heute mit dem Abstand von fünfzig Jahren sofort erkennt – zu verdanken, dass sie in ihren Filmen nicht nur als süße Blondine rüberkommt, deren Ausstrahlung mit ihrer Epoche erlischt, sondern als Frau mit Herz, mit Ansprüchen, mit Ängsten und Vergangenheit.

Ihre kecke Loreley in ihrem Durchbruch *Blondinen bevorzugt,* ihre dämonische Rose in *Niagara,* ihre fast blinde Pola in *Wie angelt man sich einen Millionär,* ihre handfeste Kay in *Fluß ohne Wiederkehr,* zu schweigen von ihren späteren Rollen, besonders der letzten, der Roslyn in *Nicht gesellschaftsfähig* (1961) – das sind lauter Frauen mit Ego, mit Eigenart, zum Teil mit Witz oder entwaffnendem Humor, deren Individualität und Zauber in der Kunst liegen, mit der Monroe sie verkörpert. Ihr Sexappeal und ihr Starruhm haben sozusagen den Blick auf ihre darstellerische

Arbeit verstellt. Man nahm an, was sie da so vor der Kamera machte, dass fliege ihr alles zu, das komme von selbst. So wirkte es auch – gottlob. Denn große Schauspielerei macht die Mühe vergessen, die sie kostet. Marilyn wollte und konnte mit dieser Mühe nicht sparen. Ihre Kräfte aber waren für die Ansprüche, die sie an sich selber stellte, nicht groß genug. Deshalb brauchte sie ständig die kleinen Helfer in Gestalt von Schlaftabletten, Speed und Weckaminen, von Alkohol und gutem Rat, auch von Zuwendung und Bestätigung durch Liebhaber. Das Verlangen nach solcher Unterstützung wurde mit dem Erfolg nicht kleiner, sondern größer und brachte sie schließlich um.

Man hat selbstverständlich Marilyn Monroe einen formellen Respekt nicht versagt. Der aber reichte ihr nicht. Ihre Bemühungen, beim Actors Studio in New York eine Schauspielausbildung nachzuholen, sich einem der angesehensten amerikanischen Stückeschreiber, Arthur Miller, ehelich zu verbinden und mit dem größten lebenden Schauspieler der Zeit, Laurence Olivier, einen Film zu drehen, galten immer diesem einen Ziel: mehr als die Bewunderung ihrer Körperlichkeit wahre Achtung ihrer Persönlichkeit zu gewinnen. Zwar wurde Marilyn Monroe weder vom McCarthy-Ausschuss vorgeladen (der machte vielmehr ihrem Mann Arthur Miller Schwierigkeiten), noch von Hausfrauenverbänden angegriffen, aber die Atmosphäre jener Jahre, die besonders in den USA von doppelter Moral, von Verächtlichmachung oder Dämonisierung erotisch aktiver Frauen nur so troff, machte ihr das Leben über die Maßen schwer. Schließlich hatte sie selbst die moralischen Gebote jener Zeit verinnerlicht. Sie hasste sich zeitweise für ihre Ausstrahlung, die doch ihr Kapital war. Und sie war auch wegen ihrer vielen Affären und ihrer drei Ehescheidungen mit sich selbst nicht im Reinen. Eine freiere und gleichberechtigtere öffentliche Moral hätte ihr es bestimmt erleichtert, sich selber anzunehmen. An der These, die schönste Sex-Ikone der fünfziger Jahre sei zugleich ein Opfer der in jener Zeit akuten Heuchelei gewesen, ist viel Richtiges.

Geboren wurde Marilyn Monroe im Jahr 1926 in Kalifornien als Norma Jeane Mortensen. Sie heiratete das erste Mal mit sechzehn – ihre damalige Pflegemutter konnte sie nicht länger unterhalten und arrangierte die Ehe mit einem Nachbarjungen, um das Mädchen versorgt zu sehen. Das Paar hatte sich nicht viel zu sagen; man ging auf Distanz, nachdem Norma Jeane begonnen hatte, als Fotomodell zu arbeiten, was dem Gatten missfiel. Norma aber besaß Ehrgeiz, das eigene Einkommen machte sie froh. Vor die Wahl gestellt, Hausfrau zu spielen und so ihre Ehe zu retten oder weiter zu arbeiten und unabhängig zu sein, entschied sie sich für das Letztere. Als sie später den Baseballstar Joe Di Maggio heiratete, war sie schon in einigen Filmen hervorgetreten. Einflussreiche Produzenten hatten ihr Potenzial erkannt, es ging aufwärts. Dass Marilyn dennoch einen Mann ehelichte, der – zeittypisch – wie auch ihr erster Gatte von ihr erwartete, dass sie ihre Laufbahn opferte, ist nach der frühen Erfahrung kaum zu verstehen. Aber noch mehr als Abhängigkeit und Nichtstun verabscheute Marilyn die Einsamkeit. Joe liebte sie und war stark, und sie brauchte einen Beschützer. Natürlich ging es nicht gut. Als Marilyn sich zum zweiten Mal scheiden ließ, war sie bereits ein Weltstar und der abgehalfterte Baseballspieler an ihrer Seite ein Karrierehindernis.

Ihre Affäre und ihre Hochzeit mit Arthur Miller versetzte die internationale Klatschpresse in Hochstimmung. Man spürte, dass hier etwas Außerordentliches geschah: Ein bebrillter, unsportlicher Intellektueller heiratet einen Vamp, und eine Schauspielerin, die vor allem in erotischen Rollen geglänzt hatte, wählte einen Bücherwurm. Darin lag ein doppeltes Eingeständnis. Von ihrer Seite, dass sie mehr wollte, als sich in ihrer eigenen Schönheit spiegeln, dass sie sich zur Welt des Geistes hingezogen fühlte. Von seiner Seite, dass ihm die Theorie nicht reichte und näher heran wollte an den goldenen Baum des Lebens. Die Menschen waren gerührt von diesem Streben nach Vervollkommnung. Abgesehen von einigen Misanthropen, die den beiden ihr Glück missgönnten,

Mit Arthur Miller
nach der Hochzeit.

weil sie eh' an kein Glück glaubten, haben damals auch die zynischsten Zeitungsschreiber dem Paar eine Zukunft gewünscht. Es wäre so schön gewesen. Leider behielten die Misanthropen Recht.

Miller, selbst ein Künstler, hatte nichts gegen die Karriere seiner Frau, und er glaubte an ihr Talent. Aber er konnte vor der Eheschließung nicht ahnen, wie schwer es war, mit Marilyn das Leben zu teilen. Man konnte im Grunde mit ihr nur taktisch umgehen – am Set und auch im Leben. Ihr Selbstwertgefühl war so fragil, dass leiseste Anflüge von Kritik sie aus der Bahn warfen. Ihre Regisseure konnten sich darauf einstellen. Aber ein Ehemann, der neben ihr ein eigenes kreatives Leben führen wollte, konnte das nicht. Hinzu kam die Sucht, ihre daraus erwachsene depressive Veranlagung. Mehrmals unternahm sie mit Tabletten Selbstmordversuche. In ihrer panischen Angst, verlassen zu werden, antizipierte sie ein solches Ereignis und führte es, mehr oder weniger bewusst, dadurch sogar herbei. Schon bald nach der Hochzeit, während sie in England mit Laurence Olivier *Der Prinz und die Tänzerin* drehte und sich mit ihrem Partner und Regisseur überwarf, entdeckte Monroe in Millers Tagebuch einen Eintrag, aus dem hervorging, dass er Mitleid mit ihr empfinde. Ihre Verlustangst erwacht erneut und kommt nicht mehr zur Ruhe. Sie klammert, sie erhöht die Tablettendosis, sie trinkt, sie macht Szenen. Nachdem sie eine Fehlgeburt erlitten hat (es wird noch zwei weitere geben), bricht sie zusammen. Sie und Miller bemühen sich um wechselseitiges Verständnis. Aber es wird ihnen klar, dass sie nur ihre jeweiligen Projektionen geliebt haben und sich gar nicht kannten. Es dauert noch eine Weile, bis sie auseinander gehen. Aber sie haben erstaunlich früh gemerkt, dass ihre gerade erst geschlossene Ehe, dass die Vereinigung von »Geist und Körper«, wie es die Presse formulierte, eine Illusion war.

Der Film *Nicht gesellschaftsfähig,* den beide schließlich noch zusammen machten, er als Drehbuchautor, sie in der Rolle der

Roslyn, wird gern als Monroes bester bezeichnet. Sie spielt eine Frau, die sie selbst sein möchte und unausgesetzt gegen die Bilder ankämpfen muss, die sich andere von ihr machen oder von denen andere sich wünschen, dass sie ihnen entspreche. Es ist fast tragisch, dass die Arbeit an diesem tatsächlich sehr gelungenen, sehr poetischen Film, das Paar nicht im gemeinsamen Stolz auf ihre Leistung zusammen geführt, sondern endgültig auseinander gebracht hat. Aber Monroe war inzwischen psychisch schwer krank und süchtig, und Miller, der eigentlich ein ruhebedürftiger, publicityscheuer Schriftsteller war,

Eine nachdenkliche Marylin auf dem Balkon ihres Hotelzimmers, 1954.

durch den engen Kontakt mit ihrer lauten, grellen Welt am Ende seiner Kraft.

Selbst zwischen diesen beiden grundverschiedenen Menschen entstand berufliche Konkurrenz. Anstatt einander gelten zu lassen in ihren jeweiligen Ausdrucksfeldern, beäugten sie sich eifersüchtig und missgönnten sich die Erfolge, die jeder für sich doch so dringend brauchte. Miller hatte es ohnehin schwer, er war ein langsamer Arbeiter und stand als Autor längst nicht so im Rampenlicht wie sie. Mit *Nicht gesellschaftsfähig* hatte er die Voraussetzung für eine Zusammenarbeit schaffen wollen, die beide einander näher bringen sollte. Sie aber argwöhnte, er wolle sich nach einigen misslungenen Projekten ihrer als Galionsfigur bedienen, um wieder in Geschäft zu kommen. Die Rolle der Roslyn lehnte sie anfangs ab, sie mochte die Figur nicht und behauptete, sie nicht spielen zu können. Als es dann doch so weit war, erwiesen sich ihre immensen Arbeitsschwierigkeiten und seine Zweifel an sich selbst und an seinen Gefühlen für sie als die finale Krise ihrer Ehe.

Marylin Monroe liest
James Joyce's *Ulysses,*
ca. 1955.

Im Grunde hatte Marilyn Monroe das, wonach sie sich so sehnte, die Anerkennung als ›ernsthafte‹ oder ›wirkliche‹ Schauspielerin und als liebenswerter Mensch, längst errungen. Ihre Darstellung wird bis heute als außergewöhnlich, als die Klischees sprengend gelobt. In ihren späteren Komödien, in *Manche mögen's heiß* und *Machen wir's in Liebe* (1960) erreichte sie mit ihrer komödiantischen Verve den Schauspieler-Parnass. Sie selbst aber konnte das nicht so sehen. Weil sie die Leute zum Lachen brachte, glaubte sie, sie würde ausgelacht. Ihre Sugar in *Manche mögen's heiß* hielt sie für eine Witzfigur, die ihrer nicht würdig sei. Sie fühlte sich bloßgestellt. Dabei hatte Meisterregisseur Billy Wilder, der schon in *Das verflixte siebte Jahr* ihr Regisseur gewesen war und ihr Talent schätzte, alles dafür getan, der kleinen Träumerin Sugar nicht nur Witz und Drastik, sondern auch eine rührende Menschlichkeit mitzugeben. Monroe war außerstande, das zu erkennen. Sie sah sich immer nur wieder in derselben Rolle und um ihren brennenden Wunsch nach den Weihen höherer Kunst betrogen. Was für ein Widerspruch, dass die große Freude, die sie ihrem Publikum durch ihre Sugar, ihre wunderbaren Gesangsnummern (»I'm through with love«) macht, von ihr selbst mit nichts als Verdruss und mehr: der Gewissheit, es zu nichts gebracht zu haben, bezahlt wurde.

Nun war Marilyn Monroe spätestens zu der Zeit, als sie ihren beliebtesten Film drehte, schwer depressiv, vollkommen tabletten- und alkoholabhängig und aufs Neue durch eine Fehlgeburt aus der Bahn geworfen. Sie zeigte im Grunde die typischen Symptome eines depressiven Menschen: Angst vorm Versagen, Gefühl der Wertlosigkeit, Verfolgungswahn.

Aber jenseits der privaten Hölle bleibt noch eine Frage, die man an ihre Epoche stellen kann und muss – die Frage nach dem Sexsymbol M M.

Marilyn Monroe war der Inbegriff der begehrenswerten und bereitwilligen Frau, die in den Träumen von Millionen Fans, auch weiblichen, als Vollendung der körperlichen Schönheit, der weiblichen

Wärme und der erotischen Verlockung herumgeistern durfte. Sie verkörperte nicht die Frau, die selbst begehrt. Das ist eine wichtige Einschränkung. Wie die aktive sexuelle Kraft des umschwärmten Filmstars aussah, darüber erfährt man auch auf dem Umweg über ihre Rollen so gut wie nichts. Die Loreleys, Kays, Sugars und Ramonas wollen Glück und Erfolg, aber was die Männer betrifft, so steht deren Ehetauglichkeit im Vordergrund. Ob die jeweiligen Kerle im Bett die Richtigen für sie wären, darüber geben die Filme keine Auskunft. Und was ihr Leben betrifft, so haben ihre Biografen es wohlweislich vermieden, ins Einzelne zu gehen. Es klingt immer mal wieder die Vermutung an, dass Monroe selbst an Sex gar nicht sonderlich interessiert war. Gibt es das – ein Sexsymbol, für das Sex eher was Symbolisches ist? Für dessen eigene Vorstellung von spannungsreicher oder beglückender Sexualität sich jedenfalls niemand interessiert hat? Ja, das gibt es, es heißt Marilyn Monroe. Diese Festlegung auf die passive Seite der sexuellen Beziehung, auf den Objektstatus, auf das Bild, das Begehren entzündet, ohne dass sein eigenes Begehren ins Spiel kommt – die macht Monroes Ausgeliefertsein an das Showbusiness, an die Geschäftsleute, die ihr Image vermarkteten, ihre Abhängigkeit von männlichen Geschmacksdiktaten und von ihren wechselnden Begleitern, die sich in ihrem Glanz sonnten oder auch von ihrer Hilflosigkeit gerührt waren, noch einmal deutlich. Es zeigt, wie schwach, wie ohnmächtig die Sexgöttin bei all ihrer Macht bleiben musste. Wie wenig sie eigene Entwürfe und Ziele in ihre Arbeit einfließen lassen konnte. An dieser Schieflage hat sich offenbar außer ihr selbst niemand gestört. Das stellt der Epoche der Fifties ein ungünstiges Zeugnis aus. Aber diese besondere Mischung aus erotischer Übermacht und sozialer, psychischer Ohnmacht verlieh Monroe eine dramatische Wirkung, die dafür verantwortlich war, dass sie zugleich geliebt und bemitleidet wurde.

Feministinnen haben sich nicht ohne Grund gefragt, wie Marilyn Monroes Karriere wohl zwanzig Jahre später verlaufen wäre –

wenn statt des Ausschusses für unamerikanische Umtriebe und publicitystarker Hausfrauenverbände kämpferische frauenbewegte Freigeister die Öffentlichkeit beeinflusst hätten. Mit Sicherheit wäre der Humor, mit dem Marilyn aus ihren Frauenfiguren Menschen zu machen verstand, auch außerhalb der Leinwand in ihr Leben und in ihre Arbeit gedrungen. Aber so wie die Dinge lagen, sah und fühlte sich die Schauspielerin zu Recht unterschätzt, wenn sie immer und überall nur das *sexy girl* war. Ein Mädchen, nach dem die Männer sich den Hals verrenkten, war in den fünfziger Jahren wie auch

Auf dem Set von
Machen wir's in Liebe.

zu anderen Zeiten im Filmgeschäft höchst willkommen. In den Fünfzigern aber stand so ein Mädchen menschlich und beruflich nicht in hohem Ansehen. Man setzte sie gerne in den passenden Rollen ein, aber man respektierte sie als Persönlichkeit nicht vollends. Der Dualismus von Körper und Geist, Sex und Intelligenz war so scharf und schuf derart dominante Klischees, dass es schlechterdings unmöglich war, eine sexuell überwältigend anziehende, üppige Frau ohne Verweis auf ein Defizit an Köpfchen zu inszenieren, so als ob eine atemberaubende Figur stets ein Verstandesopfer erfordert und umgekehrt eine Frau mit Hirn nie sexy sein könnte. Selbstverständlich galt dieser Dualismus, diese verquere Form von Sexualabwehr nur für Frauen, nicht für Männer. Für Frauen aber war sie ab einem bestimmten Grad von Sexappeal geradezu Pflicht. In Marylin Monroes Film *Machen wir's in Liebe* mit Yves Montand tritt Monroe als das Revuegirl Ramona auf, das Abendkurse besucht, um klüger zu werden. Jedes Mal, wenn ihr Verehrer Montand sich mit ihr verabreden will, hat sie einen anderen Kurs. Sie »kriegen« sich natürlich doch, und nach dem langen Kuss am Ende haucht sie. »Soll ich trotzdem noch mein Abitur machen?«

Maria Callas – Betrogene Bühnengöttin
Gunna Wendt

Im November 1955 ging ein Pressefoto um die Welt, das drei Personen – zwei Männer und eine Frau – in einer Theatergarderobe zeigt. Das Gesicht der Frau, die das Bild dominiert, obwohl sie im Hintergrund steht, ist wutverzerrt. Der Blick des Mannes im Vordergrund ist leer. Seine Augen sind zusammengekniffen, sein Mund leicht geöffnet, als murmelte er etwas vor sich hin. Er befindet sich offensichtlich auf der Flucht vor der wütenden Frau. Diese – es handelt sich um die berühmte Operndiva Maria Callas – trägt zwar noch den Kimono der *Madame Butterfly* Cio Cio San, aber sonst erinnert nichts an die liebliche zarte Figur, die sie kurze Zeit vorher auf der Bühne verkörpert hatte. Das, was ihrem Mund jetzt entspringt, kann nur im Bereich der Flüche und Verwünschungen angesiedelt sein. Und ihre Augen scheinen buchstäblich vernichtende Funken zu sprühen. Sie sind auf den Rücken des Mannes gerichtet, der dabei ist, den Raum zu verlassen. Noch bedrohlicher als ihre Augen jedoch erscheint ihr Mund: Die stark geschminkten Lippen sind geöffnet, so dass die Zähne in einer Weise sichtbar werden, wie man es eigentlich nur von Raubtieren kennt, bevor sie sich auf ihre Beute stürzen.

Mit der Publikation dieses Fotos war das Prädikat »Tigerin« geboren – von Anfang war es in Bezug auf Maria Callas jedoch negativ konnotiert, im Sinne von Furie, Bestie, Raubtier – ganz anders als in der männlichen Form. Während die Bezeichnung »Tiger« eher als Synonym für Wildheit, Kraft und sexuelle Potenz fungiert und mit Bewunderung verbunden ist, steht bei der weiblichen Form das Unberechenbare und Blutrünstige im Vordergrund. Im Fall von Maria Callas schien es eindeutig, denn es korrespondierte ja ohnehin mit ihren Rollen. Ihr Repertoire beinhaltete vor allem die extremen Frauen der Oper, die Halbgöttinnen, die Schlafwandlerinnen, die Wahnsinnigen, die Täterinnen, die Mörderinnen: Norma, Amina, Elvira, Lucia, Turandot, Tosca, Medea.

Am 17. November 1955 in Chicago hatte sie allerdings einen anderen Typ von Frau dargestellt – auch einen Prototyp innerhalb der Oper – die leidende, verletzte, gedemütigte Frau, die aus Verzweiflung in den Tod geht.

»Sie leiden, sie schreien, sie sterben, auch das nennt man singen. Sie stellen sich aus, dekolletiert bis zum Herzen, leuchtend vor lauter Tränen, mit dem Blick derer, die sich gerade an ihrer gespielten Seelenpein ergötzt haben. Keine kommt davon, oder nur so wenige …«[1] schreibt die französische Philosophin Catherine Clément in ihrem Werk *Die Frau in der Oper. Besiegt, verraten und verkauft.*

Zu den Frauen, die nicht davon gekommen sind, gehört Cio Cio San in, *Madame Butterfly.* Die Aufführungen dieser Puccini-Oper bildeten den Höhepunkt des erfolgreichen amerikanischen Gastspiels der Maria Callas, und so fiel es ihr schwer, nach der letzten Vorstellung am 17. November 1955 Abschied zu nehmen. Sie fühlte sich endlich auch auf dem Kontinent, auf dem sie geboren war, akzeptiert, ja, sogar geliebt. Allerdings nicht lange. Der abrupte Szenenwechsel folgte gleich nach dem grandiosen Abschiedsbeifall. Sie hatte sich gerade in ihre Garderobe zurückgezogen, war noch im Bühnenkostüm, als plötzlich ein Marshall und ein Deputy Sheriff eintraten und ihr die Klageschrift ihres ehemaligen Agenten Bagarozy übermitteln wollten. Ihre empörte Weigerung half nichts, das Schreiben wurde ihr kurzerhand in die Tasche ihres Kimonos gesteckt. Damit war die Rechtslage eindeutig: Sie hatte die Anklage erhalten und musste sich verantworten. Es war also buchstäblich in letzter Sekunde das geschehen, was sie hatte vermeiden wollen und vor der Amerikareise lange zögern ließ, ob sie das Angebot der Chicagoer Oper überhaupt annehmen sollte.

Was sich an diesem Abend innerhalb weniger Minuten zwischen Bühne und Garderobe abspielte, umfasste eine Skala an

Emotionen, wie sie selbst für eine Opern-
heldin zu groß war. Die Ovationen, die
Huldigungen, die Überwältigung nach
der Vorstellung auf der Bühne – und
dann in der Garderobe der Absturz von
der gefeierten Diva zur Angeklagten.
Wie konnten es die beiden Polizisten
wagen, ihre Garderobe zu betreten? Dieser Frage folgten viele andere: Wer hatte
ihnen den Weg gezeigt, wer hatte sie
überhaupt in den Backstage-Bereich des
Opernhauses eingelassen. Zu den wichtigsten Klauseln ihres Vertrags mit der
Lyric Opera Chicago gehörte nämlich
die Versicherung, sie gänzlich vor Bagarozy abzuschirmen. Und warum stand
genau in dem Moment, in dem sie die Beamten hinauswarf, ein
Associated Press-Fotograf vor der Tür?

Das berühmte Presse-
foto der Callas.

  Maria Callas fühlte sich verraten und hintergangen, obwohl
sie damals noch nicht ahnen konnte, welch nachhaltig schädigende
Wirkung das Foto, das sie schimpfend und schreiend zeigte, in
der Öffentlichkeit ausüben sollte. Mit dem Associated Press Foto
aus Chicago begann für die Operndiva Maria Callas die Ära der
Skandale. Zwar befand sich die Klatschpresse Mitte der fünfziger
Jahre noch im Entwicklungsstadium, aber mit durchaus ansteigender Tendenz. Maria Callas wurde für die breite Öffentlichkeit
durch dieses Bild bekannter als durch ihre Bühnenerfolge. Kein
anderer weiblicher Star wurde damals von den Medien so hart
und unbarmherzig attackiert. Ihrem Erfolg, ihrer Konsequenz,
ihrem Selbstbewusstsein wurde mit Neid und Häme begegnet.
Sehr schnell gerieten die Begleitumstände des Fotos, sein Zustan-
dekommen in den Hintergrund. Es wurde unabhängig von Zeit
und Raum rezipiert – ein Phänomen, mit dem Maria Callas in
den folgenden Jahren noch häufiger konfrontiert werden würde.

Man hatte die Bühnengöttin auf ein Normalmaß reduziert, mehr noch, man hatte sie von ihrem Sockel gestoßen, indem man endlich ihr wahres Gesicht zeigte. In den Klatschblättern war von der »Hexe aus Hell's Kitchen« zu lesen, in Anspielung auf das griechische Viertel im New York, in dem sie aufgewachsen war.

Auch die Angelegenheit Bagarozy war in New York verortet. Sie lag lange zurück. Maria Callas hatte den Anwalt Edward Richard Bagarozy und seine Frau, die Sängerin und Gesangslehrerin Louise Caselotti, Anfang 1946 in der amerikanischen Metropole kennen gelernt. Sie hielt sich damals bei ihrem Vater auf. Bagarozys Lebenstraum war die Gründung eines eigenen Opernensembles, der United States Opera Company, um in Chicago die stillgelegte Lyric Opera wieder zu neuem Leben zu erwecken. Er hatte bereits eine Reihe namhafter Sänger engagiert und war überzeugt, in Maria Callas nun endlich seinen Star, seine Primadonna gefunden zu haben. Das Projekt konkretisierte sich, konnte aber letztlich aus Geldmangel nicht realisiert werden. Maria Callas ging enttäuscht zurück nach Europa und ließ sich kurz vor ihrer Abreise zu einem ebenso unnötigen wie folgenschweren Schritt hinreißen: Sie unterzeichnete einen Vertrag mit Eddie Bagarozy, der besagte, dass dieser für einen Zeitraum von zehn Jahren ihr einziger und exklusiver Agent sei. Lange Zeit hörte sie nichts von ihm. Erst als sie 1955 ihre zweite USA-Tournee startete, meldete er sich plötzlich bei ihr, forderte die Einhaltung seines Agentenvertrags und verlangte rückwirkend eine große Summe Geldes. Weil er nie etwas für sie getan hatte, nahm Maria Callas seine Forderung nicht ernst – zu Unrecht, wie sich in Chicago herausstellen sollte.

Maria Callas wurde an einem der ersten Tage im Dezember 1923 – es sind drei Geburtsdaten im Umlauf: der 2., 3. und 4. Dezember – als drittes Kind von Evangelia und Georges Kalogeropoulos in New York geboren. Die Eltern waren wenige Monate vor der Geburt aus Griechenland eingewandert. Die Mutter stammte aus einer wohlhabenden Familie, in der die schönen Künste gepflegt wurden, der Vater aus bäuerlichen Verhältnissen. Er studierte Pharmazie in Athen, dort lernten sich die beiden kennen. Nach der Hochzeit zogen sie nach Meligala, eine Kleinstadt auf dem Peleponnes, wo Georges eine Apotheke eröffnete.

1917 wurde die Tochter Iakinthy geboren, 1920 kam der Sohn Vasily zu Welt, der 1922 an Gehirnhautentzündung starb – ein schwerer Schicksalsschlag, der das ohnehin nicht sehr glückliche Paar beinahe entzweite. Im Juni 1923 teilte Georges seiner Frau ohne Vorankündigung mit, dass er seine Zelte in Griechenland abbrechen und nach Amerika auswandern wollte. Er hatte die Apotheke bereits verkauft und für Mitte Juli die Überfahrt gebucht. Allen Warnungen anderer befreundeter Emigranten zum Trotz hatte er sich ohne triftigen Grund zu diesem Abenteuer entschlossen. Er wollte noch einmal ganz neu anfangen und hielt die Metropole der Neuen Welt für den geeigneten Ort. Evangelia – sie war schwanger – blieb nichts anderes übrig, als ihm zu folgen.

Die Umstellung war ungeheuer groß, besonders für Evangelia. Von Anfang an hatte die Familie mit finanziellen Problemen zu kämpfen. Und auch das Wohnviertel in Queens, in dem viele griechische Einwanderer lebten, entsprach nicht ihren Ansprüchen. Nur wenige Monate nach dem sie in New York angekommen waren, wurde ihre zweite Tochter geboren: ein gesundes, großes, ungewöhnlich schweres Mädchen mit schwarzen Haaren. Evangelia hätte allen Grund gehabt, glücklich zu sein, aber da sie nach dem Tod ihres Sohnes unbedingt wieder einen Jungen haben wollte, war die Enttäuschung groß und steigerte sich anfangs sogar bis zur Ablehnung. In ihren Memoiren berichtet sie selbst, es habe einige Tage gedauert, bis sie sich ihrer Tochter Maria zuwenden konnte.

Iakinthy, genannt Jackie, und Maria, genannt Mary, wurden sehr streng erzogen, wie es in griechischen Einwandererfamilien üblich war. Den Familiennamen Kalogeropoulos ließ Georges ziemlich bald in Callas ändern. Solche Verkürzungen eines komplizierten ursprünglichen Namens waren damals in Amerika unproblematisch. Überschattet wurde die Kindheit für beide Mädchen durch die Trauer ihrer Mutter um den verstorbenen Sohn, die zwar selten offen zutage trat, aber immer unterschwellig präsent war. Besonders schwer war es für Maria, die ihren Bruder gar nicht kannte und trotzdem, ob sie wollte oder nicht, mit ihm verglichen wurde. Auch der Vergleich mit ihrer älteren Schwester bedeutete eine große Belastung für sie. Jackie war nämlich auffallend schön, und sich selbst beschrieb Maria als das komplette Gegenteil: dick, kurzsichtig, das Gesicht voller Pickel, rundherum unansehnlich. Betrachtet man allerdings die wenigen Bilder aus ihrer Kindheit und frühen Jugend, wird diese Selbsteinschätzung nicht bestätigt. Maria war als Kleinkind niedlich und eigenwillig und mit acht, neun Jahren aufgeschossen und markant. Die Geschichte vom hässlichen jungen Entlein war also schon Teil der Selbststilisierung der Diva.

Der Vater hatte beruflich kein Glück, denn Ende der zwanziger Jahre verhinderten Wirtschaftskrise und Börsenkrach seinen gerade begonnenen Aufstieg. Durch die Unzufriedenheit der Mutter und zahlreiche Umzüge war das Familienleben stark belastet. Maria hatte im Alter von acht Jahren bereits fünf verschiedene Schulen besucht und daher keine längerfristigen Freundschaften schließen können. Sie war oft allein und entdeckte in dieser Phase, dass ihr die Musik so etwas wie einen Halt bieten konnte.

Es gibt verschiedene Legenden darüber, wann ihr außergewöhnliches musikalisches Talent wahrgenommen wurde. Unbestritten ist, dass ihre Mutter die musikalische Erziehung ihrer Töchter schon früh gefördert hat. Während der Vater die Ausgaben für Klavier- und Gesangsunterricht in Zeiten wirtschaftlicher Depression für unangemessen hielt, bestand sie darauf. Nicht nur, weil sie den beiden begabten Mädchen eine angemessene Ausbildung angedeihen lassen wollte, sondern weil sie sich selbst damit eine Lebensaufgabe schuf.

In der Oper
La Traviata,
Covent Garden,
London 1958.

Maria Callas' Berichte über ihre Kindheit fielen widersprüchlich aus: Mal schwärmte sie, Musik sei ihr von jeher das wichtigste gewesen, selbst das Üben habe für sie keine Belastung bedeutet, sie habe es unermüdlich und mit großer Begeisterung getan. Dann wieder klagte sie, ihre Mutter habe ihr die Kindheit gestohlen, weil sie sie einem unerbittlichen musikalischen Drill unterzogen habe.

1934 gewann Maria beim Mutual Radio Network-Gesangswettbewerb eine Bulova-Uhr. Am Klavier begleitet wurde sie, wie so oft, von ihrer großen Schwester. Ihre Mutter sah sich in ihren Bestrebungen, Jackie zur Pianistin und Maria zur Sängerin zu machen, zunehmend bestärkt und erkannte gleichzeitig, dass New York nicht der geeignete Ort war, diese Karrieren voran zu treiben. Deshalb entschied sie sich zur Rückkehr nach Griechenland – ohne ihren Mann, an den sie sich längst nicht mehr emotional gebunden fühlte.

Am 20. Februar 1937 verließ sie, zusammen mit Maria, an Bord der Saturnia Amerika – Jackie war schon Mitte Dezember 1936 zur Großmutter vorausgeschickt worden. In Athen wurden sie von Evangelias großer Familie zwar zunächst herzlich empfangen, aber hinsichtlich der erwarteten finanziellen Unterstützung hatte sich Evangelia getäuscht. Die »drei Amerikanerinnen«, wie sie in Athen genannt wurden, mussten bald auf eigenen Füßen stehen.

Es gelang Marias Mutter, einen Vorsingtermin für Maria bei der Gesangslehrerin Maria Trivella zu organisieren. Maria sang die »Habanera« aus *Carmen,* und die Lehrerin war sofort beeindruckt. Nachdem Maria die ersten Töne angeschlagen hatte, war ihr klar, dass sie eine außergewöhnliche Begabung vor sich hatte. Nicht nur was die Stimme betraf, sondern auch die phänomenale Darstellungsfähigkeit.

Ganz ähnlich klingt die Schilderung der zweiten Athener Lehrerin, Elvira de Hidalgo, die Maria Trivella ein Jahr später ablösen sollte. In den Meisterkursen, die Maria Callas von 1971 bis 1972 an der New Yorker Juillard School gab, berichtete sie über diese Zeit:

> »Ich habe frühzeitig mit meiner Gesangsausbildung begonnen, genau wie meine Lehrerin Elvira de Hidalgo. Ich glaube, Frauen beginnen im Allgemeinen frühzeitig. Schließlich bin ich Griechin und de Hidalgo ist Spanierin. Wir sind also beide mediterrane Menschen; Mädchen aus jenen Ländern sind zumeist recht frühreif. Jugend ist in der Karriere eines Sängers zunächst einmal das Wichtigste; die Weisheit kommt erst später. Leider dauert unsere Laufbahn nicht so lange wie etwa die von Dirigenten. Je früher wir unsere Ausbildung erhalten, desto besser, denn umso früher haben wir auch die Basis für die Weisheit. De Hidalgo hatte eine richtige Belcanto-Ausbildung; vielleicht war sie die Letzte, die so unterrichtet wurde. Als junges Mädchen, mit nur dreizehn Jahren, wurde ich ihr anvertraut, um die Geheimnisse, die Formen des Belcanto zu lernen.«[2]

Elvira de Hidalgo sorgte für erste Auftritte ihrer Schülerin und unterstützte sie zu Beginn ihrer Laufbahn. Diese wurde jedoch durch ein fundamentales äußeres Ereignis, kaum dass sie begonnen hatte, gestört. Am 28. Oktober 1940 erklärte Mussolini Griechenland den Krieg, und ein halbes Jahr später marschierten die deutschen Truppen in Athen ein. Damit war das öffentliche Leben der Stadt nahezu vollkommen lahmgelegt. Maria wollte sich jedoch um nichts in der Welt auf ihrem Weg aufhalten lassen und setzte ihren Unterricht bei ihrer Lehrerin fort. Rückblickend bezeichnete sie die Athener Kriegsjahre als eine der schmerzlichsten Zeiten ihres Lebens, über die sie kaum sprechen konnte.

Nach der ersten strengen Besatzungsphase nahmen die Theater ihren Betrieb wieder auf und am 27. August 1942 stand

Maria als Tosca in Puccinis gleichnamiger Oper auf der Bühne der Athener Oper und erregte die Aufmerksamkeit der griechischen Opernwelt. Weitere Auftritte folgten, allerdings beinahe von Anfang an verbunden mit Intrigen und Beschuldigungen der Kollaboration, wie es in historisch brisanten Zeiten üblich ist. Auch die nachträgliche Generalabrechnung fehlte nicht. Man neidete ihr schon zu diesem frühen Zeitpunkt ihren Erfolg. Kollegen verhinderten sogar die Verlängerung ihres Engagements an der Athener Oper. Aber für Maria gab es nach Kriegsende ohnehin nur ein Ziel: Sie wollte so bald als möglich nach New York, um nach ihrem Vater zu sehen. Und vielleicht würde ihre Karriere ja dort auch besser angesiedelt sein.

Im Herbst 1945 traf sie in New York ein und erlebte zwar ein bewegendes Wiedersehen mit ihrem Vater, aber ihre Versuche, als Sängerin Fuß zu fassen, blieben zunächst erfolglos, bis sie im Januar 1946 den New Yorker Anwalt Edward Richard Bagarozy kennen lernte, dessen vielversprechendes Projekt jedoch platzte. Noch enttäuscht von dieser Entwicklung bot sich für Maria Callas überraschend eine unerwartete Chance. Der künstlerische Leiter der Opernfestspiele von Verona, der in New York nach Akteuren suchte, lud sie zum Vorsingen ein und war von ihrer Darbietung so begeistert, dass er sie sofort engagierte. Also würde Italien die nächste Station ihrer Karriere sein. Hier würde sie zum Weltstar werden.

Waren es bisher vorwiegend Frauen – ihre Mutter und ihre beiden Gesangslehrerinnen – gewesen, die Marias Karriere initiiert und forciert hatten, übernahmen nun in Italien zwei Männer diese Aufgabe: der Fabrikant Giovanni Battista Meneghini, ihr späterer Ehemann, und der Dirigent Tullio Serafin. Gerade in Verona eingetroffen, lernte sie Meneghini schon beim Begrüßungsdinner der Festspiele von Verona kennen. Die beiden fanden Gefallen aneinander und unternahmen gleich am nächsten Tag einen Ausflug nach Venedig, wo sie sich – laut Maria Callas – ineinander verliebten. Battista Meneghini wurde zu ihrem ständigen Begleiter, Förderer und Manager. Die

Basis ihrer Verbindung bildete eine tiefe Freundschaft und das gemeinsame Ziel, Marias Karriere in Gang zu bringen und zu stabilisieren. Am 21. April 1949 heirateten sie in Verona und sollten bis zum Sommer 1959, dem Beginn der Liebesbeziehung zwischen Maria Callas und Aristoteles Onassis, zusammenbleiben.

Nur wenige Tage nach ihrer Begegnung mit Meneghini in Verona traf Maria in dieser Stadt dann den Mann, der für ihre Karriere so wichtig sein würde wie kein anderer: Tullio Serafin. »Eines der glücklichsten Ereignisse meines Lebens, vielleicht das glücklichste, war, dass er mein italienisches Debüt dirigierte – Verona 1947. Es war der Beginn meiner eigentlichen Karriere«,[3] gestand sie.

Maria Callas mit ihrem Ehemann Battista Meneghini.

Tullio Serafin hatte als Dirigent einen großen Namen, galt als progressiv und sensibel im Umgang mit Sängern. Er dirigierte an vielen italienischen Opernhäusern, an der Oper in London Covent Garden, an der New Yorker Metropolitan Opera und gehörte zu den Gründern der Festspiele von Verona.

Zwischen ihm und Maria Callas fand eine künstlerisch fruchtbare Begegnung statt: Er traute ihr sofort die schwierigsten Rollen und Projekte zu, und sie wusste, dass sie sie mit seiner Unterstützung realisieren konnte. Maria Callas berichtete:

> »Im Herbst nach meinem Debüt in Verona brauchte
> er eine Isolde für Venedig, und er wollte mich haben.
> Ich war nicht mit der Rolle vertraut, wollte aber unbedingt singen und sagte daher, ich sei es. Wir trafen uns,
> und ich sang den zweiten Akt vom Blatt. Es ging gut.
> Danach gestand ich ihm, dass ich nur vom Blatt gesun-

gen hatte und die Rolle nicht kannte. ›Na und‹, sagte Serafin. ›Alles, was sie brauchen, sind zwei Monate Zeit.‹«[4]

Weil er ihr vertraute, traute sie sich selbst diese Leistung zu. Er unterstützte und bestärkte sie. Wann immer sie von ihm sprach, schwärmte sie:

> »Was brachte einem dieser Mann nicht alles bei! Er lehrte mich, dass sich alles, was man tut, durch einen bestimmten Ausdruck rechtfertigen lassen muss. Ich lernte, dass jede Verzierung in den Dienst der Musik gestellt werden muss und dass man, sofern wirklich der Komponist an erster Stelle steht und nicht nur der eigene persönliche Erfolg, immer die Bedeutung erkennen wird, die ein Triller oder eine Tonleiter besitzen, indem sie ein Gefühl des Glücks, der Furcht, der Traurigkeit ausdrücken. Kurz, Maestro Serafin lehrte mich die Tiefe der Musik.«[5]

Es war Tullio Serafin, mit dem Maria Callas ihre ersten großen Bühnenrollen – darunter auch ihre Schicksalsrolle Norma, die sie häufiger als alle anderen, nämlich 89mal verkörpern sollte – erarbeitete und im Lauf der Zeit weiterentwickelte. Darüber hinaus verdankte sie ihm die Bekanntschaft mit einem anderen großen Magier der Bühne, der eine Zeitlang zu ihrem künstlerischen Partner wurde: Luchino Visconti. Sie lernte ihn Anfang 1949 in Rom kennen, als sie dort die Kundry in Wagners *Parsifal* verkörperte und schnell zum Stadtgespräch avancierte. Visconti inszenierte zum selben Zeitpunkt in Rom Shakespeares *Wie es euch gefällt,* Bühnenbild Salvador Dali, Kostüme Franco Zeffirelli. Letzterer berichtet in seiner Autobiografie von der ersten Begegnung mit der »griechischen Sängerin mit der göttlichen Stimme« im Hause Serafin. Er war zunächst überrascht von ihrer Erscheinung: matronenhaft, unpassend gekleidet und mit abstoßendem New Yorker Akzent redend. Zeffirelli schreibt:

> »Schließlich kam Serafin, der bemerkt hatte, wie sein Schützling geprüft und für mangelhaft befunden wurde und half ihr: ›Komm, Maria, musizieren wir ein wenig.‹ Der Herr setzte sich ans Klavier und schlug ein paar Akkorde aus *La Traviata* an. Ich schloss die Augen, denn ich habe mir die Violetta immer als ein zartes, zerbrechliches Wesen vorgestellt und wollte mir diese Illusion nicht rauben lassen. Als die Callas jedoch zu singen begann, veränderte sie sich, sie war die Kameliendame. Und sonderbarerweise versuchte sie erst gar nicht, so zu singen, als wäre sie ein zartes schwindsüchtiges Mädchen; ganz im Gegenteil: sie zog alle Register – und es funktionierte.«[6]

Kostümprobe für die Titelpartie der Oper *La Gioconda*, der zweiten Scala-Premiere im Dezember 1952.

Die Begegnung von Maria Callas und Luchino Visconti gewann für beide existenzielle Bedeutung: Ihretwegen entdeckte er, der bis dato ausschließlich Filme und Theaterstücke inszeniert hatte, ein neues Betätigungsfeld für sich: die Oper. Fünf Opern erarbeiteten sie zusammen für die Mailänder Scala, darunter 1955 Verdis *La Traviata*. Visconti gestand: »Ich inszenierte *Traviata* für sie allein, nicht für mich. Ich tat es, um Callas zu dienen, denn man muss einer Callas dienen.«[7]

Als ihre Zusammenarbeit 1954 begann, hatte Maria Callas schon ihre Aufsehen erregende, Geheimnis umwobene Metamorphose vollzogen, innerhalb von nur 16 Monaten fast dreißig

Kilo abgenommen und ihren Typ völlig verändert. Anfang der fünfziger Jahre hatte also eine monumentale Neuerfindung einer Diva stattgefunden, schon Jahrzehnte bevor Prozesse dieser Art in der Kulturszene vor allem im Zusammenhang mit der Popikone Madonna thematisiert wurden.

Laut des Gewichtsprotokolls, das Maria Callas an Hand ihrer Rollen akribisch geführt hat, wog sie am 26. Dezember 1952 als Gioconda in der gleichnamigen Oper noch 92 Kilo und am 12. April 1954 als Elisabetta in *Don Carlo* nur noch 64 Kilo. Wie sie das geschafft hat, darüber sind unzählige Legenden und Mutmaßungen in Umlauf, jedoch ohne das Geheimnis letztendlich zu lüften. Maria Callas selbst erklärte ironisch, sie wisse es selbst nicht. Wenn sie es wüsste, würde sie mit Sicherheit in kürzester Zeit die reichste Frau der Welt werden, denn ein so offensittlich wirksames Schlankheitsrezept ließe sich besser als alles andere verkaufen.

Kein Geheimnis war das Vorbild ihrer Verwandlung: Audrey Hepburn. Maria Callas hatte 1953 ihren Debütfilm *Ein Herz und eine Krone* gesehen und war beeindruckt von dem neuen Frauentyp, den Audrey Hepburn repräsentierte: grazil, sophisticated, kapriziös. Ein Antityp zu den Sexbomben des Hollywood-Kinos der fünfziger Jahre und trotzdem mit betörend femininer Ausstrahlung. Audrey Hepburn wurde ihr Vorbild, was zunächst als absurd anmutet, betrachtet man die beiden Frauen Anfang der fünfziger Jahre. Mitte der fünfziger Jahre allerdings entstanden Fotos, bei denen man zweimal hinschauen musste, um zu erkennen, um wen es sich handelt, um die Sängerin oder um ihr Vorbild.

Maria Callas hatte ihre Darstellungs- und Selbstinszenierungskunst von der Bühne in den Alltag verlagert und hier die Rolle Audrey übernommen. Von dieser Zeit an ließ sie sich gern fotografieren. Dabei fällt auf, dass sie fast immer kontrolliert wirkt und streng darauf zu achten schien, ihre Off-Stage-Rolle perfekt zu spielen. Der amerikanische Literaturwissenschaftler Wayne Koestenbaum zog das Fazit: »Ihre Opernauftritte schienen real; ihr wirkliches Leben schien opernhaft.«[8]

Und wirklich begannen sich dramatische bis melodramatische Opernelemente in ihr Leben einzuschleichen, beobachtet vom Publikum und den Medien, die immer dabei waren. Die Bilder und Storys entwickelten bald ein Eigenleben. Knapp drei Jahre nach dem Eklat in Chicago bekam Maria Callas das erneut heftig zu spüren. So ging das Ereignis, das am 2. Januar 1958 in der römischen Oper stattfand, als »Skandal von Rom« nicht nur in die Operngeschichte ein, sondern wirkte sogar weit über den Bereich der sogenannten Hochkultur hinaus und hielt Einzug in Wochenschau und Illustrierte. Es handelte sich um die von der italienischen Kulturszene mit Spannung erwartete Eröffnung der römischen Opernsaison mit Bellins *Norma* – in der Titelrolle Maria Callas.

Medea-Premiere am 6. November 1958.

Am Neujahrstag wachte die Sängerin jedoch mit einer starken Erkältung und fast ohne Stimme auf und meldete sich krank. Die Direktion der römischen Oper akzeptierte ihre Absage nicht, sondern setzte sie unter Druck. Schließlich wurden der italienische Staatspräsident und zahlreiche Prominente an diesem Abend erwartet. Das Unvermeidliche geschah: Maria Callas musste die Vorstellung nach dem ersten Akt abbrechen. Da es zu spät war, einen Ersatz zu organisieren, wurde das Publikum nach Hause geschickt. Dieses Ereignis sorgte weltweit für negative Schlagzeilen und verstärkte in der Öffentlichkeit noch das Bild der exzentrischen arroganten Diva, das bereits von den Medien erzeugt worden war. In der Zeitung *Il Giorno* hieß es, eine »zweitklassige griechische Künstlerin«, »Italienerin nur durch Heirat« habe es gewagt, den italienischen Staatspräsidenten zu brüskieren. Sogar vor Falschinformationen schreckte man nicht zurück: In den amerikanischen Wochenschaubericht, der damals um die Welt ging, wurde der Filmausschnitt einer *Norma*-Probe, die bereits drei Jahre vorher stattgefunden hatte, als aktueller Beweis für die »Gesundheit« der Sängerin eingefügt.

Maria Callas erklärte Kenneth Harris vom *Observer* 1970 rückblickend in einem Interview:

> »Ich hatte mehr als alle den Wunsch zu singen und ich wollte die Aufführung zu Ende bringen, aber an diesem Abend in Rom konnte ich nicht singen. Schon viele Sänger hatten Erkältungen und viele wurden sogar während der Aufführung ersetzt. Das kommt immer wieder vor. Die Oper muss entweder einen Ersatz bereit haben oder die Verantwortung übernehmen. In Rom hat man keins von beidem getan.«[9]

Bald bot sich den Medien noch mehr Stoff, denn ein neuer attraktiver Protagonist hatte die Szene um die *Diva assoluta* betreten: der griechische Reeder-Tycoon Aristoteles Onassis, den man in den fünfziger Jahren als berühmtesten Seefahrer und Eroberer der Neuzeit bezeichnete. Im Sommer 1959 lud er Maria Callas und ihren Ehemann zu einer Kreuzfahrt auf seine Yacht ein. Die Sängerin lehnte zunächst ab, da sie sich auf ihre *Medea*-Aufführungen in London vorbereiten musste. Für Onassis kein Grund aufzugeben. Er besuchte ihre Londoner Premiere am 17. Juni 1959 und veranstaltete ihr zu Ehren ein großes Fest. Einen Monat später gingen sie gemeinsam auf Kreuzfahrt, an Bord befanden sich neben anderen prominenten Gästen auch Winston Churchill und seine Frau.

High Society Events dieser Art waren für die Medien ein gefundenes Fressen, naturgemäß tauchten schnell Gerüchte auf, die eine Affäre zwischen der berühmten griechischen Diva und dem berühmten griechischen Reeder vermuteten. Anfang September wandte sich Maria Callas mit der Erklärung, sie habe sich von Meneghini getrennt, an die Öffentlichkeit:

Die Callas an
Bord von Onassis'
Luxusyacht
»Christina«.

Mit Aristoteles
Onassis.

»Ich bestätige, dass meine Trennung von meinem Mann uneingeschränkt und endgültig ist. Sie lag bereits seit einiger Zeit in der Luft. Der Umstand, dass sie sich auf der Kreuzfahrt an Bord der Christina vollzogen hat, ist rein zufällig. Die Anwälte beschäftigen sich mit dem Fall und werden zu gegebener Zeit eine Erklärung abgeben. Ich bin jetzt meine eigene Agentin.«[10]

Anfang der 60er Jahre wurde der internationale Jet Set Hauptauftrittsort für Maria Callas, auf den Opernbühnen war sie hingegen nun nur noch selten zu sehen. Allerdings gab es gerade in dieser Zeit einige atemberaubende Konzerte, die filmisch dokumentiert worden sind. Unbestreitbar war allerdings, dass ihre Stimme gelitten hatte. Über die Gründe ist viel gemutmaßt worden. Einer bestand mit Sicherheit darin, dass sie von Anfang sehr schwere Partien, sogenannte »Killerpartien«, parallel gesungen und dabei immer vollen Einsatz gezeigt hatte.

Maria Callas reiste mit Onassis um die Welt und besuchte die Partys der Beautiful People und sogenannten Oberen Zehntausend. Die erwartete Hochzeit blieb aus. Maria Callas lebte überwiegend in Paris. 1968 erfuhr sie durch die Medien, dass Onassis Jacqueline Kennedy geheiratet hatte. Auch in dieser Phase ihres Lebens wichen die Reporter und Fotografen nicht von ihrer Seite und kommentierten süffisant das Geschehen. War die Diva am Ende?

1969 bot Pier Paolo Pasolini Maria Callas die Titelrolle in seinem Film *Medea* an. Er war durch seinen Produzenten Rossellini, der sie 1953 in dieser Rolle an der Mailänder Scala erlebt hatte, auf sie aufmerksam geworden. Maria Callas kannte einige

seiner Filme und war davon fasziniert. Während sie die Filman-
gebote, die ihr von namhaften Regisseuren wie Antonioni, Schle-
singer, Losey und sogar Visconti und Zeffirelli unterbreitet worden waren, bisher immer abgelehnt hatte, sagte sie Pasolini zu. Sie
fühlte sich herausgefordert von der Aufgabe, im Film eine Figur
zu verkörpern, die sie schon oft auf der Bühne dargestellt hatte,
und zwar ohne zu singen. Vielleicht würde ihr das einen neue
künstlerische Perspektive eröffnen.

Außerdem war sie fasziniert von der Verbindung eines anti-
ken Stoffs mit einem modernen Medium. An diesem Punkt traf
sie sich mit Pasolini. Für ihn war der *Medea*-Film ein lebenswich-
tiges Projekt, dessen Bedeutung über das reine Kunstwerk hinaus-
ging: Es war Vermächtnis, Selbstfindung und Aktion gleichzeitig.
Die Begegnung mit Maria Callas bestärkte ihn in seiner künstlerischen Vision. Er schrieb 1969 in den *Opera News*:

> »Die persönlichen Eigenschaften der Callas ließen
> mich erkennen, dass ich Medea inszenieren konnte. Sie
> ist eine Frau, in gewisser Hinsicht die modernste aller
> Frauen, aber in ihr lebt eine Frau der Antike – geheim-
> nisvoll und magisch –, deren Empfindungen einen
> unglaublichen inneren Konflikt bei ihr auslösen.«[11]

Obwohl Pasolini die Kunstform Oper eigentlich nicht mochte,
war er von Maria Callas' herausragender Fähigkeit tief beeindruckt, archetypische Frauenrollen so eindringlich und zeitunab-
hängig zu verkörpern, dass sie das moderne Publikum berührten
und begeisterten.

Die Begegnung zwischen der Callas und Pasolini umfasste von
Anfang an viele Dimensionen, darunter auch literarische und bildne-
rische: Pasolini schrieb Gedichte über seine Protagonistin und zeich-
nete ihr Porträt. Der Film *Medea* wurde zwar kein Publikumserfolg,
jedoch von der Kritik gefeiert, besonders die große schauspielerische
Leistung der Callas. Es sollte jedoch ihr einziger Film bleiben.

Vom Oktober 1971 bis zum März 1972 übernahm Maria Callas wieder eine neue Aufgabe: Sie unterrichtete vierundzwanzig Meisterklassen an der New Yorker Juilliard School. Sie erfüllte die Rolle der Lehrerin sehr verantwortungsvoll, ließ ihre Schüler Anteil haben an ihren eigenen Erfahrungen und machte ihnen bewusst, dass jeder Sänger, der es ernst meinte, während seiner gesamten Laufbahn ein Lernender bleiben würde. »Glauben Sie nicht, eine Gesangskarriere sei einfach. Es ist eine Lebensaufgabe«, gab sie zu bedenken.[12]

Die Lehrtätigkeit an der Juilliard School blieb eine Zwischenstation, denn ihr fehlte die Herausforderung, die Maria Callas zeitlebens brauchte, um zu brillieren. Diese stellte sich erst wieder ein, als ihr Kollege und Freund Giuseppe di Stefano ihr den Vorschlag zu einer gemeinsamen Comeback-Tournee unterbreitete. Die Voraussetzungen hätten kaum unterschiedlicher sein können: Er tourte schon eine ganze Weile und sie hatte beinahe ein Jahrzehnt nicht mehr auf der Bühne gestanden. Trotzdem entschloss sie sich im Sommer 1973, an dem Projekt Welttournee teilzunehmen. Nach der offiziellen Ankündigung des Comeback-Konzerts von Maria Callas und Giuseppe di Stefano in London wurden sofort dreißigtausend Karten vorbestellt, obwohl es nur dreitausend Sitzplätze gab. Das Interesse des Publikums war also ungebrochen oder sogar größer denn je. Zwar mussten Datum und Ort der Premiere verschoben werden, aber am 25. Oktober 1973 in Hamburg war es dann endlich so weit und die Tour konnte beginnen. Viele Musikkritiker begegneten dem Unternehmen mit Ablehnung wegen der stimmlichen Defizite beider Sänger. Das Publikum jedoch feierte seine Opern-Superstars enthusiastisch, was Maria Callas nicht über die Erkenntnis hinwegtäuschen konnte: »In Wirklichkeit lieben sie mich für das, was ich gewesen bin, nicht für das, was ich jetzt bin.«[13] Die erfolgreiche Tour endete am 11. November in Sapporo in Japan. Folgeangebote schlug Maria Callas aus.

Titelrolle in
Puccinis *Turandot* im
Juli 1957 mit dem
Ensemble der
Mailänder Scala unter
Tullio Serafin.

157

Die einsame Diva bei einem Aufenthalt in Paris im Jahr 1960.

Es heißt, sie habe zuletzt sehr zurückgezogen gelebt. In Paris, dem europäischen Exil-Ort *par excellence,* der schon vielen Heimatlosen als Zuflucht gedient hatte, fühlte sich die in Amerika geborene und aufgewachsene Griechin, die in Italien die größten Triumphe feierte, wohl.

Hier nahm sie aus der Ferne Abschied von den Menschen, die ihr eine Zeitlang viel bedeutet hatten: Aristoteles Onassis starb am 15. März 1975. Pier Paolo Pasolini wurde am 2. November 1975 ermordet. Luchino Visconti starb am 17. März 1976.

Ihr eigener Tod überraschte die Welt. Maria Callas starb am 16. September 1977 gegen Mittag an Herzversagen in ihrer Wohnung in der Avenue Georges Mandel. Ihre sterblichen Überreste wurden auf dem Friedhof Père-Lachaise eingeäschert und vorübergehend verwahrt. Im Juni 1977 wurde die Urne nach Griechenland transportiert und ihre Asche in der Ägeis verstreut.

Edith Piaf – Chaotische Königin des Chansons
Jutta Rosenkranz

»Meine Chansons, das bin ich, das ist mein Fleisch, mein Blut, mein Kopf, mein Herz, meine Seele.«[1] Auch über vierzig Jahre nach ihrem Tod im Jahr 1963 gilt Edith Piaf noch immer als die größte Chansonsängerin des 20. Jahrhunderts. Ihre Biographie und ihre Karriere waren so abenteuerlich, unangepasst und eigenwillig, dass sie ihr Leben lang die Aufmerksamkeit auf sich zog. Doch sie kümmerte sich nicht darum, sondern lebte und sang leidenschaftlich und kompromisslos. Sie war authentisch in ihrem Leben und in ihrer Kunst und passte nicht in das Bild, das die meisten Menschen von den fünfziger Jahren haben.

> »Den Willen eines Mannes vertrage ich sehr schwer; ich
> versuche eher, ihm meinen eigenen aufzuzwingen. Ich
> bin von Natur aus störrisch, und wenn man mich zum
> äußersten treibt, widerspreche ich immer.«[2]

Vielleicht brauchte gerade die Nachkriegszeit Persönlichkeiten, die das Klischee durchbrachen und so lebten, wie sie wollten – ohne Rücksicht auf Konventionen und Regeln.

Edith Giovanna Gassion wird am 19. Dezember 1915 in einem Pariser Arbeiterviertel geboren. Ihre Mutter, eine Straßensängerin, verlässt Mann und Tochter kurze Zeit später. Die ersten Lebensjahre verbringt Edith bei der Großmutter, die ein Bordell in der Normandie betreibt. Später zieht sie mit ihrem Vater, einem Akrobaten, durch die Straßen von Paris und sammelt nach seinen Darbietungen das Geld ein. Mit fünfzehn reißt sie von zu Hause aus und stellt fest, dass sie mit Singen mehr verdienen kann als der Vater mit seinen Kunststücken. Mit ihrer Freundin Simone vagabundiert sie durch Paris, singt und arbeitet kurze Zeit in einer

Schuhfabrik. Sie lebt in möblierten Zimmern, verliebt sich, bringt mit achtzehn eine Tochter zur Welt, die zwei Jahre darauf stirbt. Als Straßensängerin lebt sie im Milieu der Prostituierten, Bettler und Kinder aus der Gosse.

Edith ist zwanzig, als sie ihre erste Chance bekommt. Louis Leplée, Besitzer eines mondänen Nachtclubs, hört sie auf der Straße singen und ist von ihrer Stimme beeindruckt. Er steckt das Mädchen in ein einfaches, schwarzes Kleid, gibt ihr den Namen »La môme Piaf« – ein Pariser Ausdruck für ›der kleine Spatz‹ – und präsentiert sie seinen verwöhnten Gästen. Zunächst wird ihr Gesang kaum beachtet, doch bald verstummen alle Gespräche und die Menschen hören ihr gebannt zu. Der Nachtclubbesitzer, den sie ›Papa Leplée‹ nennt, verschafft ihr erste Plattenaufnahmen. Doch kaum hat sie etwas Erfolg, bricht dieser jäh ab. Louis Leplée wird ermordet und Edith Piaf und ihre zwielichtigen Freunde geraten unter Verdacht. Die Presse stürzt sich auf die junge Frau, die unschuldig ist, sich aber gegen die Sensationslust nicht wehren kann. So kehrt sie in ihr Milieu zurück und singt wieder auf der Straße und in kleinen Bars. Sie erinnert sich an Raymond Asso, einen Chanson-Dichter, der einmal zu ihr gesagt hatte, wenn sie ernsthaft arbeiten wolle, könne sie zu ihm kommen. Er verbietet ihr den Umgang mit den alten Freunden, bringt ihr einwandfreies Sprechen, Lesen, Schreiben und gute Manieren bei und weckt ihr Interesse für Kunst, Literatur und Theater. Edith ist enorm wissensdurstig und lernt schnell, doch als er von ihr verlangt, Gesangsunterricht zu nehmen, weigert sie sich. Sie wusste schon damals, welche Wirkung ihre Stimme hat. Asso schreibt Texte, die zu ihr und ihrem Leben passen, und erfindet für sie das ›autobiographische Chanson‹. Zusammen mit der Komponistin Marguerite Monnot, die in den nächsten fünfundzwanzig Jahren mehr als fünfzig Chansons für sie komponieren wird, kreiert er den Stil Piaf. Gleich das erste Chanson, das die beiden für die junge Sängerin schreiben – *Mon Légionnaire* – wird ein Erfolg. Raymond Asso ist nicht nur Lehrer und Vaterersatz,

Edith Piaf im Olympia, 1961.

sondern auch ihr Liebhaber. Noch dreißig Jahre später erinnert er sich beeindruckt an die junge Piaf. »Sie war wie ein spanischer Bettler – stolz, selbstbewußt, furchtsam und ängstlich zugleich.«[3]

1937 tritt Edith Piaf zum ersten Mal in der damals wichtigsten Pariser Music-Hall, dem A.B.C., auf. Das Publikum ist begeistert. Diese nur 1,47 Meter große Frau im schwarzen Kleid mit der eindringlichen Stimme, die ihre Lieder mit sparsamen Gesten der Hände unterstreicht, ist eine von ihnen. Ganz Paris will die kleine Sängerin mit der großen Stimme hören. Edith Piaf lernt viele Prominente kennen, u.a. Maurice Chévalier und den Schriftsteller Jean Cocteau. Der avantgardistische Künstler wird zum lebenslangen Freund. Für ihn ist Madame Edith Piaf ein Genie. »Sie ist unnachahmlich. Es hat nie vorher eine Edith Piaf gegeben, und es wird nie wieder eine geben. (…) Jedesmal, wenn sie singt, meint man, sie risse sich endgültig die Seele aus dem Leib.«[4] 1939 verliebt sich Edith Piaf in den Schauspieler Paul Meurisse und verlässt Raymond Asso. Jean Cocteau schreibt einen Einakter für sie: *Le bel indifferent* (Der schöne Gleichgültige). In diesem Theaterstück spielt Edith Piaf eine leidenschaftliche Frau, die ihren desinteressierten Geliebten um Aufmerksamkeit bittet, anfleht und schließlich anschreit. Die Rolle des Mannes ist stumm, während die Frau einen Monolog spricht, der zu Ediths Leben und ihren Chansons passt. Wie bei ihren Auftritten als Sängerin zieht sie alle Register der Emotionen und hat auch als Schauspielerin Erfolg.

In kürzester Zeit ist Edith Piaf bekannt, macht Tourneen durch Frankreich, tritt in Filmen auf und spielt Theater. Nach der Besetzung Frankreichs durch deutsche Truppen 1941 singt sie für französische Kriegsgefangene in Deutschland. Einigen kann sie zur Flucht verhelfen. Sie lässt sich mit ihnen fotografieren, die Bilder werden in falsche Pässe geklebt, die sie den Inhaftierten beim nächsten Besuch heimlich zusteckt. So kann sie Gefangene als angebliche Mitglieder ihres Orchesters aus den Lagern schleusen. Auch Michel Emer, jüdischer Autor und Komponist, der ihr einige der schönsten Lieder schreibt, verhilft sie zur Flucht in die

Edith Piaf am Anfang
ihrer Karriere Mitte
der dreissiger Jahre.

freie Zone. Er ist einer der wenigen Männer, mit denen Edith Piaf wirklich nur befreundet ist. »Manchmal haben wir sechs, sieben Stunden zusammen gesessen, gesungen, Klavier gespielt, Platten gehört usw. und dann brachte ich ihr am nächsten Tag irgendein neues Lied mit. Das war Inspiration. Mit ihr zusammen war das wunderbar.«[5]

Von Michel Emer stammt eines ihrer bekanntesten Chansons *L'accordéoniste*. Das Lied erzählt die unglückliche Liebesgeschichte zwischen einer Prostituierten und einem Akkordeonspieler. Eindrucksvoll trägt Edith Piaf dieses Chanson vor. Beim Singen gleiten ihre Hände über das schwarze Kleid und ahmen die Bewegungen des Akkordeonspielens nach. Es ist ihre erste Platte, von der über eine Million Stück verkauft werden. Nur das Singen macht sie wirklich glücklich. »Beim Singen ist es, als ob ich aus mir selbst heraustrete, ich bin nicht mehr da, es ist ein veränderter Zustand«.[6]

Fast alle Chansons der Piaf handeln von der Liebe, meist von der unglücklichen. Sie stürzt sich in ein Liebesabenteuer nach dem anderen und singt über Verzweiflung, Trennung, Eifersucht und Hoffnung. Das Publikum spürt, dass sie all das auch selbst erlebt hat. Die Zuhörer sind fasziniert von ihrer Ausstrahlung, ihrer Stimme und dem Schmerz, den sie in ihren Chansons zum Ausdruck bringt. Edith ist sich ihrer Wirkung bewusst: »Die Leute müssen ihr eigenes Unglück (…) wiedererkennen, aber auch die Hoffnung. Wie ich das dem Publikum vermittle, (…) kann ich nicht erklären. Es ist, als ob ich mich zweiteilen würde.«[7]

Von Beginn ihrer Karriere an hat Edith Piaf eine besondere Beziehung zum Publikum. Es bringt ihr Liebe und Bewunderung entgegen, wird aber auch von ihrer Vergangenheit und ihrem hemmungslosen Lebensstil angezogen. Die Piaf vereinigt viele Gegensätze in sich. Auf der Bühne ist sie die Tragödin, die mit ihrer Stimme alles ausdrücken kann, was Menschen bewegt. Sie lässt Trauer und Verzweiflung zu und lebt diese Emotionen aus, die sie im Alltag verdrängt. Privat ist sie fröhlich, witzig, spontan und hilfsbereit, aber auch rücksichtslos, verschwenderisch und dominant. Die Ambivalenz all dieser Eigenschaften zieht das Publikum magisch an. Ihr Leben lang sucht Edith Piaf nach Liebe, Anerkennung und Geborgenheit. Bei Männern und beim Publikum. Von der anonymen Masse, die treuer ist als ihre Liebhaber, bekommt sie die Liebe und Zuwendung, die ihr die zahllosen Affären nicht geben können.

> »Je länger ich singe, desto mehr ›spüre‹ ich mein Publikum, und das gibt mir Kraft. (...) Was mir zu Herzen geht, ist auch die Tatsache, daß das Publikum mir nie einen Vorwurf machte aus meinem Leben, wodurch es hätte geschockt sein können. Ich habe immer das Gefühl, das Publikum stehe hinter mir. (...) Aber ich war jedes Mal aufrichtig. Ich singe von der Liebe und ich brauche Liebe. Für mich sind das Chanson und die Liebe eins. Ich bin eine Verliebte. Ich kann ohne Liebe nicht leben, das ist unmöglich.«[8]

Edith Piafs Auftritte sind ein Ereignis. Verloren steht sie auf einer riesigen Bühne, klein, immer im schwarzen Kleid, doch ihre Stimme füllt den Saal. Bei der Arbeit ist Edith Piaf perfektionistisch. Stundenlang kann sie proben und ist bei Plattenaufnahmen nie zufrieden. Bis zu zehn Mal wiederholt sie ein Lied, obwohl alle anderen längst begeistert sind. Edith Piaf ist überzeugt, dass man in ihrem Beruf nur Erfolg hat, wenn man keine Zugeständnisse macht, unabhängig und selbständig bleibt, immer aufrichtig ist und ohne Unterlass arbeitet.

Sie hat einen Instinkt für Melodien, Gesten und Stimmungen. Sie kann keine Noten lesen, aber wenn sie ein Chanson ein- oder zweimal hört, kann sie es singen. In den vierziger Jahren ist sie die erste, die das Orchester und den Chor auf die Bühne stellt und besondere Lichteffekte einsetzt. Sie hat ein untrügliches

Edith Piaf und
Yves Montand, 1946.

Gespür für talentierte Nachwuchssänger. 1944 trifft sie den jungen, unbekannten Yves Montand, der mit Cowboy-Liedern auftritt, und erkennt sein Talent. Doch sie erklärt ihm, um Erfolg zu haben, müsse er alles ändern: sein Repertoire, seinen Stil, seine Art sich zu kleiden und seine Aussprache. Er ist der erste, dem sie so zu Weltruhm verhilft. Natürlich sind sie auch ein Paar. Als Yves Montand sich als Chansonnier durchgesetzt hat, verlässt sie ihn. 1947 lernt sie neun junge Sänger kennen, die »Compagnons de la Chanson«, mit denen sie gemeinsam auftritt. Auch ihnen verhilft sie zum Erfolg und verliebt sich in den Chef der Gruppe. Mit den »Compagnons de la Chanson« fährt sie im gleichen Jahr zum ersten Mal in die Vereinigten Staaten. Doch der erste Auftritt in New York ist ein Misserfolg. Die Amerikaner haben sich unter einer Pariser Sängerin etwas anderes vorgestellt als eine kleine, in schwarz gekleidete Frau mit melancholischen Chansons, die sie nicht verstehen. Edith Piaf reagiert sofort. Sie lernt Englisch, lässt einige ihrer Lieder übersetzen und trennt sich von den »Compagnons de la Chanson«. Eine neue Werbekampagne wird für sie gestartet; in einem Zeitungsartikel weist ein wichtiger Kritiker auf ihre besondere Kunst der Interpretation hin und erklärt den Amerikanern ihr ›tragisches Genie‹. Ein Vierteljahr nach dem ersten misslungenen Auftritt wird ihr Solo-Konzert im vornehmsten New Yorker Kabarett Versailles ein Triumph. Das amerikanische Publikum ist überwältigt von ihrer Stimme und ihrer Ausstrahlung. Ihr für acht Tage geplantes Gastspiel wird immer wieder verlängert, schließlich singt sie 21 Wochen vor ausverkauftem Haus. Den größten Erfolg hat sie mit ihrem Chanson *La vie en rose,* noch heute eines ihrer populärsten Lieder, das in zwölf Sprachen übersetzt wurde. Den französischen Text dieses Chansons, das von einem zärtlichen Geliebten handelt, hat Edith Piaf selbst geschrieben.

In New York lernt sie den französischen Box-Champion Marcel Cerdan kennen. Mit ihm erlebt sie die glücklichste Zeit ihres Lebens, obwohl die Presse die Beziehung der beiden eine Skandal-Affäre nennt, weil Cerdan verheiratet ist. Die Piaf bewundert seine Einfachheit, Höflichkeit, Großzügigkeit und seinen Charme. In ihren Erinnerungen bekennt sie:

> »Ja, ich habe Cerdan geliebt. (…) Bevor ich ihn kannte, war ich nichts. (…) ich war eine berühmte Sängerin, eine sehr berühmte sogar, aber innerlich nichts als eine Frau ohne Hoffnung. Ich glaubte, das Leben habe keinen Sinn, alle Männer seien Tiere, und das Beste, was man tun könne, sei lachen, trinken, Dummheiten machen und sterben, je früher, desto besser. (…) Marcel lehrte mich wieder zu leben. Er nahm mir die Verbitterung und den Hang zur Verzweiflung, welche mir Leib und Seele vergifteten. Er ließ mich entdecken, daß es Sanftheit, Heiterkeit und Zärtlichkeit wirklich gab.«[9]

Marcel Cerdan ist Ediths größte Liebe, doch sie dauert nur knapp zwei Jahre. Im Oktober 1949 tritt Edith wieder im Versailles in New York auf, während Marcel Cerdan eine Box-Schaukampf-Tournee macht. Danach will er mit dem Schiff nach New York fahren, um Edith zu treffen. Kurz vor seiner Abreise ruft sie ihn an und bittet ihn, ein Flugzeug zu nehmen, weil sie nicht mehr warten könne. Doch die Maschine stürzt über den Azoren ab. Edith Piaf ist verzweifelt und gibt sich die Schuld an seinem Tod. Trotzdem tritt sie am selben Abend im Versailles in New York auf und singt das Chanson, das sie einmal als ihr Lieblingslied bezeichnet hat: *Hymne an die Liebe*. Die Musik ist von Marguerite Monnot,

Piaf mt ihrer großen
Liebe Marcel Cerdan.

den Text hat Edith Piaf selbst verfasst: »Die ganze Welt ist mir egal, wenn du mich liebst. Für dich würde ich alles tun und wenn du stirbst, werde auch ich sterben und wir hätten die Ewigkeit für uns.« Bei diesem Auftritt wird sie auf der Bühne ohnmächtig, doch an den folgenden Tagen steht sie das ganze Programm durch. Nun beginnt ein Teufelskreis. Sie sucht Zuflucht bei Alkohol, Drogen und spiritistischen Sitzungen. Um ihr Publikum nicht zu enttäuschen und weiter singen zu können, nimmt sie immer stärkere Beruhigungsmittel.

Ediths Leben scheint in zwei Teile zerbrochen: eine Zeit vor Cerdan und eine danach. Nach seinem Tod ist sie nicht mehr dieselbe, ihr Lebenstempo beschleunigt sich. In einem Interview erklärt sie, dass man das wahre Glück mit Tränen bezahlen müsse und erst das Leiden den Dingen ihren Wert gebe.

»Ich bin immer zehnmal so glücklich und zehnmal so unglücklich wie alle anderen. (…) Stets ist die Liebe vor mir geflohen. Nie konnte ich den, den ich liebte, lang in den Armen halten. Jedesmal, wenn ich glaubte, den Mann meines Lebens gefunden zu haben, wurde alles zunichte, und ich war wieder allein. (…) So blieb ich nach jedem Abenteuer einsamer als je zuvor zurück, mit einer neuen Wunde, die mir wenigstens half, meine Chansons von der Liebe ergreifender zu singen.«[10]

In ihren Liedern spiegelt sich ihr Leben. Mit ihrem unverwechselbaren Stil hat sie über dreihundert Chansons interpretiert, zu etwa dreißig von ihnen auch den Text selbst geschrieben. Die Geschichten ihrer Lieder sind oft einfach und banal. Im Gegensatz zu Juliette Gréco, Georges Brassens oder Léo Ferré singt Edith Piaf keine literarischen Chansons. Doch mit ihrer kraftvollen Stimme und ihrer Ausstrahlung gelingt es ihr, auch sentimentalen Liedern eine besondere Wirkung zu geben. Bei ihr kommt es weniger darauf an, was sie singt, sondern wie sie singt. Vor allem ihre reife, eindringliche, manchmal schon etwas brüchige Stimme der letzten Aufnahmen aus den späten fünfziger und frühen sechziger Jahren ist beeindruckend.

Der Kontrast zwischen ihren Bühnenauftritten und ihrem Privatleben wird immer stärker. In den fünfziger Jahren erreicht Edith Piaf den Höhepunkt ihrer Karriere, doch Autounfälle, Krankheiten und Drogen schwächen ihre Gesundheit. Um auftreten zu können, zwingt sie ihren Körper selbstzerstörerisch zum Äußersten. Als Optimistin ist sie sicher, dass man aus dem schlimmsten Unglück noch etwas für später lernt und auch schwere Prüfungen letztendlich bereichern:

»Selbst im Unglück bleibt noch die Hoffnung, denn auch das gehört zum Leben. (…) Im Augenblick leidet man schrecklich, aber nachher merkt man doch, daß man nun viel reicher geworden ist. (…) Je größer die Schwierigkeiten, desto mehr nehme ich mich zusammen. Ich weiche den Schwierigkeiten nicht aus, ich gehe sie an. Das ist mein Temperament. Ich mache nicht einmal den Eindruck, daß ich kämpfe, sondern daß ich lebe. Ich beginne gern wieder von vorn. Wenn alle sagen: ›Diesmal ist es unmöglich‹, dann ist es meine größte Freude zu beweisen, daß es doch möglich ist. Dann sind sie sprachlos. Eine Frage des Naturells.«[11]

Edith Piaf macht eine monatelange Tournee durch die Vereinigten Staaten. Sie gibt Konzerte in Frankreich, Holland und Belgien, dreht Filme, spielt Theater und singt immer neue Chansons, die sie in der ganzen Welt berühmt machen. Mit ihrem sicheren Instinkt für Talente entdeckt sie Charles Aznavour, Gilbert Bécaud und Eddie Constantine. »Ich half ihnen, zu entdecken, was sie schon besaßen. Man kann niemanden künstlich aufbauen, man hilft nur bei der Entwicklung.«[12] Mit Eddie Constantine hat sie eine stürmische Affäre, er findet sie unwiderstehlich: »Ein Blick von ihr konnte ein zehnstöckiges Gebäude zum Einsturz bringen«.[13] Später dankt er ihr dafür, dass sie ihn vor allem in seinem Glauben an sich selbst als Künstler unterstützt hat. Er bekommt die Standardausrüstung, die sie allen ihren Männern schenkt: goldene Manschettenknöpfe, ein Feuerzeug von Cartier, dunkle Anzüge und elegante Schuhe. Auch Charles Aznavour, der mehrere Chansons für die Piaf schreibt, erinnert sich voller Bewunderung und Verständnis an sie.

»Eine wunderbare Frau, eine Besessene, eine Perfektionistin, kompromißlos, wenn es um ihre Kunst ging, eine Ruhelose in ihrem Leben. (...) Edith hatte sehr gute, aber auch sehr schlechte Seiten. (...) Die Leute, die zu Edith kamen, stellten sie auf eine Art Podest, das gefiel ihr überhaupt nicht. Sie mochte es, wenn man sich schnell mit ihr verbündete. In jeder Hinsicht, beim Essen, beim Trinken, beim Lachen und wenn man Späße machte. (...) Sie war witzig, sie war fröhlich, sie war kein Kind von Traurigkeit. Sie hatte ein dramatisches Leben hinter sich, hatte sich aber von dieser Vergangenheit frei gemacht. (...) Sie war ein Monster, aber wenn ich Monster sage, meine ich das positiv. Dann möchte ich damit das Außergewöhnliche dieses Menschen beschreiben. Sie sang wie ein Monster, lebte wie ein Monster, aß, trank, liebte und hatte Freundschaften wie ein Monster.«[14]

So sehr Edith Piaf sich immer wieder für Männer einsetzt, Frauen fördert sie nie. Es gibt in ihrem Leben nur zwei Frauen, mit denen sie eine jahrelange Freundschaft verbindet: Marguerite Monnot, die Komponistin und Pianistin, die einige der schönsten Chansons für sie schreibt, und Marlene Dietrich, die sie in Amerika kennen lernt.

Edith Piaf macht in den fünfziger Jahren Karriere, obwohl sie das Gegenteil des Frauen-Ideals dieser Zeit verkörpert. Sie ist weder *femme fatale* noch ›Heimchen am Herd‹. 1951 lernt sie den Sänger Jacques Pills kennen, der ihr ein neues Chanson anbietet, das er geschrieben hat: *Je t'ai dans la peau.* Der Text des Liedes, den sie zu Beginn nur flüstert, passt zu ihr und ihrem Leben: »Du gehst mir unter die Haut, du steckst mir im Blut, mir wird heiß und kalt, ich spüre deine Lippen auf meiner Haut, aber es ist mir egal, was die Leute denken.« In den bie-

Hochzeit mit Jacques Pills, 1952.
Im Hintergrund Marlene Dietrich als Trauzeugin.

deren fünfziger Jahren sind diese Worte gewagt. Es ist ihr erotischstes Chanson und wird ein Erfolg. Das Publikum verzeiht ihr ihre Eskapaden, weil es spürt, dass diese Frau echt ist, öffentlich lebt, liebt und leidet. Sie schönt ihre Biographie nicht, ist kein Produkt der Presse oder der Filmstudios wie viele andere Stars der fünfziger Jahre. Edith Piaf ist der Meinung, dass sie als bekannte Künstlerin ihr Privatleben nicht geheim halten kann und dem Publikum zum Teil gehört: »Man ist sein Besitz, und wenn man sich dem Publikum anvertraut, muß man auch akzeptieren, dass es in das Intimleben eindringt.«[15] Das Privatleben der Piaf ist beeindruckend und abstoßend zugleich. Sie lebt in

Extremen, ist maßlos beim Singen, im Leben und in der Liebe. In ihren Erinnerungen heißt es:

> »Ich flog von einem Mann zum anderen und wünschte doch nichts sehnlicher, als endlich bleiben zu können. Aber da mir das nie gelang, geriet ich von Mal zu Mal ein wenig tiefer in die Verzweiflung. (…) Immer habe ich fieberhaft die große, wahre Liebe gesucht, und vielleicht hatte ich in meinem Leben deshalb so viele Männer, weil ich mich nie mit der Lüge und Mittelmäßigkeit der meisten meiner Abenteuer abfinden wollte.«[16]

Immer wieder hat sie Beziehungen mit verheirateten Männern. Sie ist alkohol- und drogenabhängig und macht mehrere Entziehungskuren. Doch es gibt auch eine andere Seite der Piaf. Sie ist Katholikin und betet jeden Abend, geht aber nie zur Messe. Sie sehnt sich danach, eine glücklich verheiratete Frau zu sein und gibt Jacques Pills ihr Ja-Wort. Die standesamtliche Zeremonie erfolgt im Juni 1952 in Paris, aber Edith möchte unbedingt eine richtige Hochzeit erleben. Ein Vierteljahr später findet noch eine kirchliche Trauung in New York statt. Marlene Dietrich ist Trauzeugin. Die Braut trägt ein blassblaues Kleid und das goldene Kreuz mit Edelsteinen, das ihr die Filmschauspielerin geschenkt hat. Edith und Jacques Pills sind sehr unterschiedliche Persönlichkeiten. Er geht früh schlafen und liebt das häusliche Leben. Edith versucht, ihren chaotischen Alltag zu ordnen. Einige Zeit lebt das Ehepaar auf dem Land, aber Edith hält es nicht lange dort aus. Sie strickt Pullover für ihren Mann, die nie fertig werden, weil ihr nach einer Weile die Farbe nicht mehr gefällt. Ihm zuliebe macht sie eine Entziehungskur, die aber nur vorübergehend Erfolg hat. Edith Piaf genießt es, verheiratet zu sein, gemeinsam mit ihrem Mann aufzutreten und auf Tournee zu gehen. Jacques Pills ist stolz, ihr Mann zu sein, aber er bemerkt bald, wie nervenaufreibend das Leben an ihrer Seite ist. Sie macht den Tag zur Nacht und die

Nacht zum Tag. Wenn sie Durst hat, trinkt sie, wenn sie Hunger hat, isst sie, wenn sie müde ist, geht sie ins Bett, egal wann und wo. Später erinnert er sich: »Ihr Lebenshunger, ihre ungeheure Lebensgier machten ihrer Gesundheit schwer zu schaffen. Sie bedurfte ständig ärztlicher Hilfe.«[17]

Edith Piaf fürchtet nichts so sehr wie die Einsamkeit und versammelt ständig Freunde, Künstler, Bekannte und Schmarotzer um sich. Doch allen Menschen in ihrer Umgebung zwingt sie ihren kräftezehrenden Lebensrhythmus auf. Abends um zehn beginnt sie zu singen, ruft gegen zwei Uhr nachts ihren Pianisten zur Arbeit, um bis sechs Uhr morgens zu proben. Widerspruch duldet sie nicht. Für sie ist der Schlaf eine Form des Todes; er versetzt sie in Furcht und bedeutet, Zeit zu verlieren. Diesem Lebensstil ist auf Dauer niemand gewachsen. Nach fünf Jahren lässt sich Jacques Pills scheiden. Und Edith Piaf gesteht, dass ihr die Ehe Angst mache und sie das Gefühl habe, dafür nicht geschaffen zu sein. Sie ist überzeugt davon, dass ihr die nötigen Fähigkeiten fehlen, um eine gute Ehefrau abzugeben. »Ich habe es nie verstanden, mich um den Haushalt oder das Kochen zu kümmern. Möbel, Teppiche, Nippsachen (…) das alles interessierte mich in Wahrheit nicht.«[18]

Ediths chaotisches Leben passt in kein Klischee. Erstaunlich ist, dass das Publikum sie nicht fallen lässt – weder im katholischen Frankreich noch im prüden Amerika der fünfziger Jahre.

Die Franzosen verehren Edith Piaf, die sich um keine Regeln kümmert, die kompromisslos lebt und die bürgerlichen Werte in Frage stellt. Sie nennen sie bewundernd *monstre sacré* (heiliges Monster). Die Widersprüchlichkeit ihres Charakters macht einen Teil der Faszination aus, die bis heute von dieser zerbrechlich wirkenden Frau ausgeht.

1955/56 geht Edith Piaf auf eine elfmonatige Tournee durch die Vereinigten Staaten. Höhepunkt ist ihr Auftritt in der Carnegie Hall in New York, bei dem ihr das Publikum minutenlang begeistert applaudiert. Auch in Paris feiert sie wahre Triumphe, als sie wieder im Olympia auftritt. Fünfzehn Wochen lang ist der Saal ausverkauft. Allein in dieser Zeit werden dreihunderttausend Schallplatten von ihr verkauft. Edith Piaf zählt zu den am meisten verdienenden Künstlerinnen der Welt, doch Geld ist ihr egal. Sie gibt es mit vollen Händen aus, unterstützt Freunde und Bettler, kauft Wohnungen und Häuser, die sie nie bewohnt. Als sie einmal in Stockholm schwer krank wird und befürchtet, Paris nie wieder zu sehen, mietet sie für sich allein eine DC-4 für 45 Personen und fliegt in die französische Hauptstadt.

1958 trifft sie den griechischen Gitarristen, Komponisten und Sänger George Moustaki. Sie erleben eine leidenschaftliche Affäre miteinander. Er schreibt mehrere Lieder für sie, darunter das berühmte *Milord*. Georges Moustaki erinnert sich später an seine Zeit mit Edith Piaf:

> »Jedesmal, wenn ich *Milord* oder manch anderes Chanson höre, das ich für sie geschrieben habe, wird mir bewußt, daß sie mir einen kleinen Funken der Flamme, von der sie verzehrt wurde, hinterlassen hat. Ich habe ein Jahr lang in der Nähe dieser Frau gelebt. Ein Jahr, in dem kein Tag ereignislos blieb. Es war ein Jahr voller Ausgelassenheit, voller Verrücktheiten, Musik, Stürme und Leidenschaften.«[19]

In den fünfziger Jahren überlebt Edith Piaf vier Autounfälle. Sie hat Glück im Unglück, bricht sich nur einen Arm und einige Rippen. Doch die Schmerzen sind unerträglich. Um auftreten zu können, bekommt sie Morphiumspritzen; die Ärzte ahnen nicht, dass sie davon süchtig wird. Ihre letzten Lebensjahre sind ein ständiges Auf und Ab zwischen Singen, Erfolgen, Alkohol, Drogen und Krankheiten. Mit großer Anteilnahme verfolgt das Publikum alle Höhen und Tiefen ihres Lebens. Tourneen, Zusammenbrüche, Entziehungskuren und Operationen wechseln einander ab. Doch das Singen gibt ihr auch Kraft. 1960 feiert sie ein triumpha-

Edith Piaf im
Krankenbett.

les Comeback im Pariser Olympia. Trotz ihres schlechten Gesundheitszustandes singt sie drei Monate lang mit eisernem Willen jeden Abend vor einem enthusiastischen Publikum. Anschließend geht sie auf Tournee. Nach einem erneuten Autounfall nimmt sie aufpeitschende Medikamente und tritt sogar mit bandagiertem Oberkörper auf. Die Presse spricht von einer »Selbstmord-Tournee«. Die Piaf schont sich nicht, obwohl ihr die Ärzte davon abraten, aufzutreten. Sie will Singen um jeden Preis.

»Mut! Es ist wahr, ich wollte ihn immer haben. Man behauptet, er sei eine männliche Eigenschaft. Ich glaube eher, daß die Frauen besser durchhalten, wenn etwas schiefgeht. Das ist Gewohnheitssache, vor allem für mich. (…) Mut ist nichts anderes als bis ans Ende zu gehen.«[20]

Edith Piafs letzte Konzerte in Paris sind Legende. Als sie die Bühne des Olympia betritt, applaudiert man ihr eine Viertelstunde lang. Nach der Vorstellung muss sie 22-mal vor den Vorhang treten. Bruno Coquatrix, der Chef des Olympia, sagt über sie:

»Es gab nichts an ihr, was aufgesetzt war. Sie war ein leidenschaftlicher Mensch, der gesungen hat. Ich glaube, daß sie das Größte war, was mir in künstlerischer Hinsicht in meinem Leben begegnet ist. (…) Die Piaf war eine Frau, die immer das tat, was sie im Moment wollte. Sie sagte das, was sie gerade dachte, und sie liebte, wenn sie Sehnsucht nach Zärtlichkeit hatte. All diese überschäumenden Gefühle komprimierte sie in ihrem Gesang. Aber als ihre Kraft zum Singen nachließ, war dieser Moment der Anfang vom Ende.«[21]

Im Oktober 1962 heiratet Edith Piaf im Alter von 46 Jahren den zwanzig Jahre jüngeren griechischen Sänger Théo Sarapo. Die Hochzeit des ungleichen Paares ist eine Sensation, doch der Skandal bleibt aus. Wieder steht das Publikum hinter der schwerkranken, vorzeitig gealterten Frau, die noch einmal Liebe und Geborgenheit sucht.

In den folgenden Monaten muss sie Auftritte oft aus Schwäche abbrechen, vergisst beim Singen ihre Texte und ist öfter in Kliniken als auf der Bühne. Edith Piaf zwingt ihren geschwächten Körper immer wieder zum Äußersten. Im Februar 1963 tritt sie zum letzten Mal in Paris auf. Im Sommer erleidet sie ein Leberkoma, studiert danach neue Lieder ein, doch der Körper ist nicht so stark wie ihr Wille. Ihre Kraftreserven sind aufgebraucht. Der Tod macht ihr keine Angst, sie hat ihn akzeptiert, »aber ohne Traurigkeit, ich habe meinen Teil vom Leben gehabt.«[22]

Am 10. Oktober 1963 stirbt Edith Piaf im Alter von 47 Jahren an inneren Blutungen. Bei ihrer Beerdigung drei Tage später auf dem Pariser Friedhof Père Lachaise begleiten 40 000 Menschen ihren Sarg zur letzten Ruhe.

Edith Piaf konnte die Widersprüche ihres Lebens nicht auflösen. Sie hatte ein großes Talent und eine wunderbare Stimme, aber sie schonte ihren Körper nicht. Sie suchte nach der wahren Liebe, hatte aber keine Geduld, sie sich entwickeln zu lassen und Kompromisse einzugehen. Doch ohne dieses Leben, ohne ihre Erfahrungen, hätte sie nicht so singen können – von den Ängsten, Hoffnungen, Sehnsüchten und Verzweiflungen, die jeder kennt. Beeindruckend ist die Konsequenz, mit der sie alles tat. Sie hat in der Liebe und im Beruf ohne Netz gelebt, wurde berühmt, geliebt und enttäuscht und hat einen hohen Preis dafür bezahlt. Sie hat gewagt, was andere nicht wagen. Auch wer sie nie auf der Bühne erlebte und nur Filmaufnahmen ihrer Auftritte sieht oder ihre

Chansons hört, wird von ihrer Intensität beim Singen mitgerissen. Die Menschen bewundern Künstler, die vollkommen in ihrer Kunst aufgehen und dabei nicht nur ihren eigenen, sondern auch den Schmerz der anderen zum Ausdruck bringen. Edith Piaf kann man beim Unglücklichsein zuhören, ohne selbst leiden zu müssen. Sie ist aufrichtig, macht ihre Freuden und Tragödien öffentlich und hat mit ihrer einzigartigen Stimme die Menschen bewegt. »Ich möchte nicht alt sterben, aber bevor ich nicht mehr singen kann, möchte ich lieber sterben.« [23]

Ein Jahr vor ihrem Tod, im Herbst 1962, singt Edith Piaf anlässlich einer Filmpremiere von der Plattform des Eiffelturms in Paris eines ihrer berühmtesten Chanson: *Non, je ne regrette rien* (Nein, ich bereue nichts). Der Text ist ihr auf den Leib geschrieben:

> »Nein, ich bereue nichts. Nicht das Gute, das ich erfahren habe, nicht das Schlechte, das ist mir alles egal. Die Vergangenheit kümmert mich nicht. Meine Leiden, meine Freuden brauche ich nicht mehr. Ich fange wieder bei Null an.«

Audrey Hepburn – Tochter mit Eigensinn
Barbara Sichtermann

Der beste Einwand gegen das Vorurteil, die fünfziger Jahre hätten von allen Frauen schwellende Formen und überbordende Hausfraulichkeit verlangt, ist Audrey Hepburn, ihr Look und ihre Karriere. Sie war Tänzerin, Mannequin und Schauspielerin, ihre Fans, Verehrer und Filmographen nannten sie »Elfe«, »Kindfrau« und »die Rehäugige«. Jeder, der sie beschrieb, hob ihre Zartheit hervor, Billy Wilder lästerte sogar einmal, sie werde noch dafür sorgen, dass der Busen gänzlich aus der Mode komme. Und bei 21 Filmen von 1951 bis 1967 kann für hauswirtschaftliches Engagement nicht allzu viel Zeit übrig geblieben sein. Hätte die Epoche nicht nach ihr verlangt, nach der schlanken, beweglichen, keineswegs urweiblichen, sondern mädchenhaft-verspielten Audrey Hepburn, sie hätte sie nicht hervorgebracht und ihr nicht einen derart prägenden Einfluss gegönnt.

Hepburn stand für die Ansprüche und Erwartungen der Töchter, die an den Zweiten Weltkrieg noch deutliche Erinnerungen hatten und die nun sicher gehen und daran mitwirken wollten, dass die Nachkriegszeit ihr Versprechen auf persönliches Glück und neuartigen Lebensgenuss einlöste.

Audrey Hepburn selbst hatte als Kind den Krieg erlebt und war, wie sie immer wieder betonte, von den Entbehrungen jener Zeit gezeichnet. Die Tochter eines irisch-britischen Bankiers und einer niederländischen Baronin wurde 1929 als Edda Kathleen van Heemstra Hepburn-Ruston in Brüssel geboren. Sie ging in London zur Schule und erhielt dort eine Ballettausbildung. Als der Krieg ausbrach, bestand die Mutter darauf, Audrey zu sich ins holländische Arnheim zu holen, weil ihr das Leben dort sicherer zu sein schien. Während der Nazibesetzung litt das Mädchen Hunger, wurde Zeugin von Deportationen und schmuggelte

Nachrichten für die Widerstandsbewegung. Die Eltern hatten sich getrennt, der Kontakt zum Vater riss ab. Ein Kind hatte die junge Tänzerin eigentlich gar nicht sein dürfen, und schon gar nicht ihres Vaters Tochter.

Mit diesem Schicksal stand sie nicht allein. Viele europäische Mädchen der fünfziger Jahre hatten ihren Vater verloren oder nie gekannt. Viele hatten flüchten, die Schule abbrechen und zu früh zu viel Verantwortung tragen müssen. Als dann aber der Frieden einigermaßen stabil zu sein schien, die Städte wieder bewohnbar gemacht und die Menschen zu einem gewissen Wohlstand gelangt waren, gab es in der jungen weiblichen Bevölkerung zwei starke Bedürfnisse: schön zu sein und – den Vater zu finden. Beide stillt Hepburn in ihren berühmtesten Filmen.

Immer wieder hat man sie ein wenig beargwöhnt: Sie sei ja doch nie zur vollwertigen Frau herangereift, sei immer die knabenhafte Nymphe geblieben. Dahinter steckt ein Missverständnis. Eine »vollwertige Frau« muss nicht mit einem großen Busen und einer mütterlichen Ausstrahlung gesegnet sein. Die Launen der Natur verleihen mancher weiblichen Person den Ausdruck des Mädchenhaften, Jungfräulichen oder gar Kindlichen und belassen ihn ihr für immer. Dennoch werden sie zu Frauen. Ganz wie es ja auch Männer gibt, die das Jungenhafte nie verlieren oder solche, die schon als Buben wie gestandene Mannsbilder daherkommen. Dass aber nun die fünfziger Jahre neben ihrer Vorliebe für blonde Vollweiber auch den Kult um die dunkelhaarige hyperschlanke Ballerina pflegten, hat natürlich etwas zu bedeuten. Man, das heißt das Publikum, wollte eben auch die junge Tochter, ihre Träume, ihre Reize, ihre Scheu, ihre Chancen. Audrey Hepburn steht nicht, wie zum Beispiel Doris Day, für die Restauration der traditionellen Rollenverteilung zwischen den Geschlechtern, in der die Frauen sehr rasch ins Matronenfach abgeschoben wurden, sondern für den Neubeginn. Ein wenig Realitätsflucht gehörte durchaus dazu, und in welcher Rolle sich die dermaleinst erwachsene Kindfrau später bewähren würde, das blieb absichtsvoll offen.

Audrey Hepburn in
Ein süßer Fratz, 1957.

181

Sabrina, 1954.

Hepburns reizvollster Part war und blieb ihr erster weltweiter Erfolg, der ihr den einzigen Oscar eintrug: die Prinzessin Anne in *Ein Herz und eine Krone* von 1953. Das Märchen von der Königstochter, die sich durch das Hofzeremoniell eingeengt fühlt und bei der ersten besten Gelegenheit ausreißt, um sich inkognito unters Volk zu mischen, ist schon oft erzählt worden. Es steckt in ihm eine Huldigung an die einfachen Leute, ihre Lebensformen, ihre Spontaneität, ihre Freuden. Die Prinzessin darf sich ja nicht mal ihren Mann selbst aussuchen, da hat ihr das schlichte Mädchen von der Straße eine Menge voraus. In Rom entschlüpft die junge Hoheit ihren Bewachern, streunt durch die Stadt und trifft einen weltgewandten Journalisten, der, als er begreift, mit wem er es da zu tun hat, die Story seine Lebens gefunden zu haben meint. Aber dann, nach dem ersten tiefen Blick und spätestens nach der ersten Umarmung sieht er nur noch das hinreißende Mädchen, nicht mehr die Sensation. Der 37-jährige Gregory Peck ist in dieser ersten Hollywoodproduktion Hepburns der 24-jährigen Anfängerin im Alter näher als die Partner ihrer späteren Filme: Humphrey

Bogart in *Sabrina* (1954), Fred Astaire in *Ein süßer Fratz* (1957), Gary Cooper in *Ariane* (1957) und Rex Harrison in *My Fair Lady* (1964) hätten alle Hepburns Vater sein können. Doch auch Peck ist in *Ein Herz und eine Krone* bei aller erotischen Verzauberung ein väterlicher Partner. Sein Blick, sein Gestus, die Art, wie er sie schont, schätzt und umfängt, ist eher liebevoll-beschützend als viril-erobernd. Und das liegt nicht nur daran, dass sie so jung und unbedarft ist, sondern dass ihre Aufrichtigkeit und ihr Anstand den vom Zynismus seines Berufsstandes gleichermaßen geschlagenen wie abgestoßenen Reporter entwaffnen. Er kann diese Begegnung nicht ausbeuten. Er würde seine eigene Menschlichkeit beschädigen.

Die Prinzessin kehrt zu ihren Pflichten zurück und erweist sich mit diesem Schritt eben nicht als das unreife Gör, für das man sie zu Beginn ihrer römischen Eskapade hätte halten können. Hoheitsvoll, den Lebensformen des einfachen Volkes ab jetzt auf immer entrückt, tauscht sie auf der Pressekonferenz den Abschiedsblick mit dem Mann, dem sie so gerne gefolgt wäre. Aber sie weiß, was sie ihrem Stand schuldig ist.

Audrey Hepburn ist die gehorsame Tochter – mit Einschränkungen allerdings, auf die noch zurückzukommen sein wird. Sie gewinnt nicht nur die spontane Zuneigung, sondern die Achtung, ja die Bewunderung ihrer (Film-)Väter und väterlichen Liebhaber. In *Sabrina,* gleich nach *Ein Herz und eine Krone* gedreht, ist sie die Tochter des Chauffeurs, die den Juniorchef (Humphrey Bogart) für sich einnimmt. Hier also haben wir die umgekehrte Perspektive. Sie lässt sich nicht zum Volk herab, sondern steigt aus ihm auf – ein nicht minder populäres Märchen. Die Eigenschaften, die ihr die Liebe des viel beschäftigten und schwerreichen Unternehmenserben eintragen, sind dieselben, die ihren römischen Verehrer davon abgehalten haben, sie bloßzustellen: ihre Aufrichtigkeit und ihr Anstand. Allerdings hätten ihr beide Tugenden kaum weitergeholfen, wenn sie nicht über den Zauber ihres wunderhübschen Gesichts, ihrer makellosen schlanken Gestalt und ihrer unwiderstehlichen jugendlich-unschuldigen Ausstrahlung verfügt hätte.

Die meisten Filmstars sind ungewöhnlich schön. Manche besitzen zudem noch ein gewisses Etwas, das sie unverwechselbar macht, und die Riege dieser ganz und gar einmaligen Leinwandpersönlichkeiten wird von Audrey Hepburn angeführt. Man könnte, wenn man ihr mit dem Maßband zu Leibe rücken wollte, sogar allerlei Fehler registrieren: Stehen ihre Ohren nicht etwas ab? Ist die Nase nicht eine Spur zu lang? Der Mund zu schmal? Der Hals zu dünn? Der Leib zu mager? Ach was. Die Tatsache, dass sich Hepburns Erscheinung, ihre Schönheit und ihre Wirkung, den Regeln des goldenen Schnitts entziehen, spricht für sich. An ihr sind sogar die Abweichungen vom Normalmaß schön. Billy Wilder hat von ihr gesagt, sie besitze »Anmut und Stil – Dinge, die man nicht lernen kann.« Und die sich nicht messen lassen.

Die gehorsame Tochter also gewinnt die Herzen als schöne Tochter. Darin liegt eine Ungerechtigkeit gegenüber all ihren nicht so reizvollen Schwestern, die Audrey Hepburn zu empfinden scheint. Diese Filmschauspielerin hat in ihrer Selbstdarstellung einen Zug, der bei ihresgleichen selten ist: Sie ist nicht eitel. Ein natürlicher weiblicher Narzissmus darf die Schönheit begleiten und tut es auch meistens. Bei Audrey Hepburn aber ist er unterentwickelt. Sie schaut, sie lächelt, sie läuft umher, als wüsste sie gar nicht, wie reizvoll sie ist oder als wolle sie es nicht wissen. In dieser Großzügigkeit, mit der sie ihr Lächeln und ihre Anmut verschenkt, liegt etwas ungeheuer Sympathisches. Und ihrer Bescheidenheit ist es wohl auch zuzuschreiben, dass Audrey Hepburn unter ihren Kollegen genauso beliebt war wie beim großen Publikum. Von ihr selbst stammt der bedenkenswerte Satz: »Wenn man im Mittelpunkt einer Party stehen will, darf man nicht hingehen.«

In dieser Reserve angesichts des Jahrmarkts der Eitelkeiten, die sie dem Hollywood-Betrieb gegenüber an den Tag gelegt hat, steckt eine Spur Nonkonformismus, der aus der folgsamen

*Ein Herz und
eine Krone,* 1953.

*Ein Herz und
eine Krone.*

und schönen Tochter überhaupt erst einen Charakter macht. Die Schauspielerin Hepburn und die meisten fiktiven Personen, die sie verkörperte, sind nicht einfach nur die gehorsamen Töchter, sie wollen erst selber sehen, wie die Dinge liegen. In *Ein Herz und eine Krone* erweist sich die Prinzessin als ausgesprochen unfolgsam, wenn sie die Hofdame und die Wachleute narrt und davonläuft. Aber nachdem sie erfahren hat, wie die Freiheit schmeckt und die Liebe, geht sie zurück und nimmt ihren Platz wieder ein. In *Sabrina* ist sie eine loyale Vater-Tochter, die nichts unternehmen möchte, was ihrem geliebten Papa, dem Chauffeur, missfiele. Aber als der angebetete Juniorchef – nicht der, den sie am Schluss »kriegt«, sondern dessen Hallodri von Bruder – ihr den Hof macht, muss sie mit des Vaters Lebensphilosophie, die darin besteht, dass Klassengrenzen zu respektieren sind und die Chauffeurstochter ihren Platz kennen sollte, brechen. Eine Rebellin ist Hepburn im Leben und in ihren Rollen nicht. Aber sie ist eigensinnig. Sie entscheidet selbst, was sie tun und werden will. Dabei möchte sie die Etikette nicht verletzen, auch wenn es manchmal

186

nicht anders geht. Sie möchte auch die geltenden ethischen Werte nicht angreifen. Aber manchmal kommt es dazu. Ihre langjährige intime Freundin Connie Wald sagte von ihr: »Audrey wurde durch die Filmbranche nicht verändert. Es war eher umgekehrt.«

Was für eine wunderbare Botschaft an die Welt der Töchter im restaurativen, aber dennoch unruhigen Jahrzehnt der Fifties! Mädchen, geht euren Weg, seid loyal, macht mit, aber tut es nicht blind, prüft immer erst selbst, ob das, was ihr tun sollt und was Eure Väter für Euch vorsehen, richtig ist. Die Revolte der späten sechziger Jahre wirft hier ihren Schatten voraus. Es war ja auch gar nicht anders möglich, als dass nach den großen Kriegszerstörungen jede Variante von Kadavergehorsam in die Krise geriet. Man sollte allerdings nicht zu weit gehen und Hepburn zur Vorläuferin etwa von Jane Fonda stilisieren. Sie bricht nicht mit der Generation der Väter, im Gegenteil, sie sucht sie. Aber nicht, um ihr blind zu vertrauen. Sie ist keine überangepasste Tochter. Sie hat den Krieg miterlebt, sie weiß, dass vieles nicht ist, wie es scheint und dass letztlich jeder sein eigenes Gewissen befragen muss. Diese Erfahrungen prägen ihr Gesicht, ihre Gesten, ihre Ausstrahlung und ihre Rollen, und sie teilten sich auch den Millionen junger Mädchen in Europa und Amerika mit, die Hepburn als Anne, Sabrina und Jo (in *Ein süßer Fratz*) auf der Leinwand bewunderten und zunächst einfach nur so elegant sein wollten wie sie, solche ärmellosen Blusen, engen Kleider, breiten Gürtel und flachen Schuhe tragen und so eine Windstoßfrisur.

In *Ein süßer Fratz* wird Hepburn als Mädchen, das nicht aus der Reihe tanzen will, sich dann aber doch dazu genötigt sieht, besonders nachdrücklich (wenn auch nicht sehr glaubhaft) inszeniert. Zu Beginn ist Jo Stockton eine kleine Buchhändlerin, eine Intellektuelle, die sich für neue philosophische Strömungen begeistert und mit Mode überhaupt nichts am Hut hat. Ein Fotograf (Fred Astaire) entdeckt den verstaubten Laden als ideale Location für ein Foto-Shooting – und die Verkäuferin als das perfekte Modell. Jo macht nur mit, weil die große Schau in Paris

Frühstück bei Tiffany, 1961.

stattfinden soll, wo sie einen verehrten Philosophen zu treffen hofft. Natürlich ist der Philosoph ein Blender, der es nur darauf abgesehen hat, seine niedliche amerikanische Bewunderin ins Bett zu ziehen. Während der (amerikanische) Fotograf es ehrlich meint, indem er aus der grauen Maus, als die Jo anfangs zwischen den Regalen auftaucht, eine glamourösen Star der Modebranche macht. Er will ihr eine echte Chance verschaffen – und sie natürlich auch heiraten. Jo unterscheidet zwischen Schein und Sein und bindet sich an den Richtigen. Insoweit bleibt sie ihrem Image als Mädchen mit Eigensinn treu. Der problematische Subtext jedoch, der dann wieder für die restaurativen Tendenzen der Ära steht, sagt dem jungen weiblichen Publikum: »Mädels, versteigt euch nicht in die Welt der Bücher und glaubt nicht, dass die Philosophie euer Teil sein könnte. Auf euch wartet ein weit besseres Los. Ihr seid ja doch schön! Und solltet Kleider tragen, Schärpen, Hüte, Schuhe, Schmuck, die eure Schönheit zur Geltung bringen. Hier ist euer treuer Fotograf, der all diese Pracht auf die Platte bannt. Und die Schönste kriegt ihn sogar zum Ehemann…«

Ja, so waren sie eben auch, die Fifties! Die Ehe galt als Himmel für eine Frau, und während Prinzessin Anne ihre Herzenswahl der Staatsraison opfern muss, gibt es für Sabrina, Jo, Ariane, Eliza Doolittle und selbst für die eigenwillige Holly Golightly aus *Frühstück bei Tiffany* letztlich kein wichtigeres Ziel als die Hochzeit oder wenigstens eine feste Bindung. In *Charade* (1963) wird die Heiratswut der frisch verwitweten Regina Lampert sogar regelrecht karikiert. Der Mann ihrer Wahl (Cary Grant), von dem sie bis zum Schluss nicht weiß, ob er Freund oder Feind ist, führt (als Geheimdienstmann) verschiedene Decknamen. Sie lernt ihn unter jedem seiner Pseudonyme neu kennen, wobei sie nur hoffen kann, dass der letzte dann auch der wahre ist. Und bei jedem einzelnen Mal gibt sie irgendwann ihrem Herzen einen Stoß und stellt die alles entscheidende Frage: »Existiert eine Mrs. Soundso?« Beim letzten Mal antwortet Grant frisch: »Ja!« und fügt, als er sie zusammensinken sieht, hinzu: »Meine Mutter.«

Audrey Hepburn soll einmal gesagt haben: »Wenn ich verheiratet sein werde, dann möchte ich sehr verheiratet sein.« Sie hat auch so gelebt, ihre beiden Ehen waren hochwichtig für sie. Und noch wichtiger, existenziell, war die Mutterschaft. Bevor sie, in der ersten Ehe mit dem Schauspieler-Kollegen Mel Ferrer, 1960 Sohn Sean zur Welt brachte, hatte sie zwei Fehlgeburten – lebensgeschichtliche Katastrophen für die zart besaitete Frau. Mit Ferrer war sie immerhin vierzehn Jahre (1954 – 1968) verheiratet – was ihr aber nicht genügte. »Ich dachte, eine Ehe zwischen zwei guten und liebenden Menschen müsste halten, bis einer von beiden stirbt. Ich kann gar nicht sagen, wie sehr wir es versucht haben und wie enttäuscht ich über unser Versagen bin. Es ist gewiss nicht leicht, mit einer Berühmtheit verheiratet zu sein, aber meine Karriere kam für mich wirklich immer erst an zweiter Stelle, und trotzdem hat das am Ende nichts genutzt.« So stellten sich die Dinge für Hepburn dar. Für ihren Mann aber, ebenfalls ein erfolgreicher Schauspieler, der es allerdings, anders als eine Frau, nicht zu Weltruhm brachte, kam ihre Karriere als Ursache für die Entfremdung der beiden und schließlich für das Scheitern der Ehe mit Sicherheit an erster Stelle. Man kann als gefeierter Star noch so sehr darauf bedacht sein, der Liebe den Vortritt zu lassen vor dem Beruf – die Verhältnisse sind stärker. Und Herzen, selbst das einer Audrey Hepburn, sind selten treu bis in den Tod. Noch vor der Scheidung von Ferrer lernte Hepburn den italienischen Arzt Andrea Dotti kennen, der ihr zweiter Mann werden sollte. Auch diese Ehe zerbrach. Aber sie gewährte Audrey die Chance, noch einmal Mutter zu werden. Sohn Luca kam 1970 zur Welt.

Persönlich also blieb Hepburn als gehorsame Tochter ihrer Zeit dem Ideal der lebenslangen Ehe verbunden, doch nur im theoretischen Grundsatz, nicht in der praktischen Umsetzung. Parallel zu ihren Erfahrungen schrieb in den sechziger Jahren das Kino seine Frauenrollen um. Hepburn und ihre Kolleginnen der Fifties hatten fast immer eine eheliche Verbindung mit dem Mann ihrer Träume als letztes Ziel ihrer Wünsche im Auge. Wenn dann die Hochzeitsglocken läuteten oder wenigstens der Partner seine Liebeserklärung und Bindungsabsicht unmissverständlich geäußert hatte, war der Film zu Ende. Diese Ehewut und die damit verbundene zivilisatorische Leistung der Frauen, die den promisken Mann zähmten und ihn den Wert der Treue anerkennen lehrten, war ein durchgängiges Motiv in den Frauenfilmen der fünfziger Jahre, sie charakterisiert diese Zeit. In den Filmen der Doris Day (mit Partner Rock Hudson) wird das Motiv so sehr überspitzt, dass es in die Selbstparodie umkippt. Die Sechziger dann belassen es dabei nicht mehr, sie nehmen die Tatsachen ernst und halten das Freiheitsverlangen von Männern *und* Frauen für interessanter als den Bindungswunsch. Dass auch Audrey Hepburn diese Wendung mit vollzogen hat, dass die Tochter so weit ging, all die altväterlichen Werte von Treue, Beständigkeit und Unterordnung (der Frauen unter die Männer) in Frage zu stellen – das erst machte aus der unverhofft im Kino der Fünfziger aufgetauchten Märchenfee die wandlungsfähige Schauspielerin und intelligente Interpretin, die sie neben dem romantischen »süßen Fratz« schließlich auch gewesen ist.

Der Film, der in diesem Zusammenhang vor allem genannt werden muss, heißt *Zwei auf gleichem Weg* (1967). Hepburns Partner war Albert Finney, endlich mal kein Papa, sondern eine kernige, humorbegabte Variante des »zornigen jungen Mannes« und sieben Jahre jünger als Hepburn. Die beiden sind ein Paar in der Ehekrise, zwei junge Menschen, die ihre Zweisamkeit bedroht fühlen und um ihr Glück kämpfen – aber nicht mit Krawall und Psychoterror, wie kurz zuvor Elizabeth Taylor und Richard Burton in *Wer hat Angst vor Virginia Woolf?*, sondern mit realistischen

Strategien der Herausfordrung, der Kritik, des Umwerbens und der Trauer. *Zwei auf gleichem Weg* reflektiert das zerbrochene Ideal des unzerstörbaren Eheglücks, ohne es zu denunzieren, aber auch ohne es zu kitten. Bemerkenswert ist, dass hier nicht nur der Mann durch Seitensprünge sein Recht auf Selbstbestimmung unterstreicht, sondern auch die Frau. Audrey Hepburn spielt diese ihre Emanzipation verteidigende junge Joanna mit Herz und Kampfeslust.

Schon vorher hatte sie in ihren Rollen das weibliche Lebensziel Heirat in Frage gestellt. Ihre nach Princess Anne wohl berühmteste und ähnlich begeistert gefeierte Darstellung, die Holly Golightly aus *Frühstück bei Tiffany* (1961), das Partygirl mit der großen Klappe und der exzentrischen Selbstinszenierung, ist bindungsunwilliger als jeder Kerl und weiter entfernt vom Heimchen am Herd als die Lady von Shanghai. Dieser kapriziöse Schmetterling von einem Callgirl läuft am Schluss sogar vor der Liebe davon, und George Peppard als ihr bis dato glückloser Verehrer muss marathonmäßig hinterher rennen, um sie einzuholen und davon zu überzeugen, dass sie zu ihm gehört. Holly ist der Meinung, dass kein Mensch einem anderen gehören könne, sie hat ja schon Schwierigkeiten, die Zugehörigkeit ihres Katers zu ihrem Haushalt zu akzeptieren, und man hegt als Zuschauer den nicht unbegründeten Verdacht, dass das Happyend des allerliebsten »Tiffany«-Films auf Wunsch irgendeines um den Publikumserfolg besorgten Produzenten sozusagen erzwungen wurde. Es passt nicht zum Rest des Films und nicht zu Hollys Charakter. Aber man nimmt es hin, weil man ihr und dem armen jungen Schriftsteller wenigstens ein Experiment in Sachen Zweisamkeit zutraut. Man nimmt noch mehr einfach hin. So die Tatsache, dass die Verspieltheit und Naivität des Mädchens Holly nicht zu ihren Job als Edelprostituierte passt. Und man weiß auch, dass der Autor Truman Capote sich Marilyn Monroe für die Holly gewünscht hat. Bei so einer Besetzung hätte man sich als Kinogänger schon eher vorstellen können, was dieses verrückte Mädchen mit den betuchten Herren anstellt, die es so zielbewusst in seinen Dunstkreis lockt. Bei Hepburns Holly muss man zweimal in den Film gehen, bevor man mitkriegt, was für eine Profession diese hinreißend amoralische Person ausübt. Dennoch: Mit *Frühstück bei Tiffany* hat sich die rigide Moral der Fünfziger, die eh' immer nur Proklamation und nie wirklichkeitsbestimmend war, fürs erste verabschiedet – und Hepburn war die Überbringerin dieser Botschaft. Ihre Holly war gewiss nicht so frivol wie Capote sie gerne gehabt hätte, sie war auch immer noch töchterlich genug, um Hepburns altes Image nicht zu verletzen. Aber sie überließ die Imperative, die von den Frauen zu befolgen waren: Unterwerfung unter den Mann, fleischliche Treue und ein geistiger Radius, der gerade eben den Familienkreis ausmisst, dem Gespött ihres schelmischen Gelächters und dem Säurebad ihres skeptischen Menschenbildes. Ihre Holly ist nicht ganz von dieser Welt und gehört insofern in Hepburns Feen-Repertoir. Aber sie ist frei.

Einer ihrer größten Triumphe, der in mancherlei Hinsicht auch ein Fehlschlag war, ist ihre Eliza aus *My fair Lady* (1964).

Vorweg: Der Film war enorm erfolgreich, und das Publikum hat Hepburn für ihre Eliza geliebt. Die Begleitumstände der Produktion aber waren für die Schauspielerin deprimierend. Ihr Partner Rex Harrison lehnte seine Kollegin rundweg ab. Er hatte den Professor Higgins am Broadway gegeben und vermisste seine Partnerin Julie Andrews, mit der er dort Erfolge gefeiert hatte. Außerdem erhielt Hepburn eine sehr viel höhere Gage als er – das war ein Affront, dessen Konsequenz – Bitterkeit und Wut – er an ihr ausließ. Der schlimmste Tiefschlag für Audrey aber war, dass man ihren Gesang nicht wollte und nach intensiver Probenarbeit den Entschluss fasste, sie durch eine gelernte Sängerin synchronisieren zu lassen. Schließlich kam der Film heraus, und die Kritiken waren, die Titelheldin betreffend, nicht gerade des Lobes voll. Im *Sunday Telegraph* hieß es: »Die Rolle fließt über vor Süße und Licht. Sie mit Audrey Hepburn zu besetzen, ist der klassische Fall des Vergoldens einer Lilie, bis die Blütenblätter welken.« Bei so

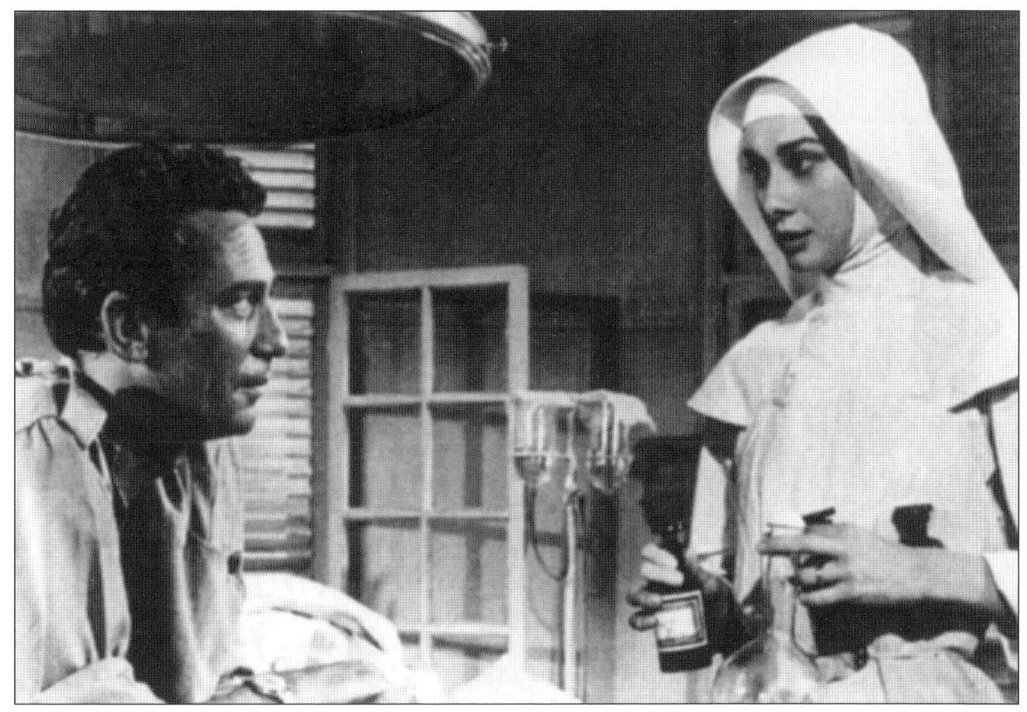

Geschichte einer Nonne, 1961.

viel Unbill ist es einfühlbar, dass die Europäerin Hepburn sich in ihren Vorbehalten gegenüber Hollywood einmal mehr bestätigt fand und sich ab jetzt immer länger in ihre geliebte Schweiz zurückzog.

Gleichwohl: Eliza Doolittle, verkörpert von Audrey Hepburn, ist schon ein starkes Frauenzimmer. Sicher ist sie zuerst mal ein Geschöpf des irischen Spötters George Bernhard Shaw und des Musical-Komponisten Frederick Loewe, aber was Hepburn ihr an Frechheit, Auflehnung und Witz mitgibt, das hebt die Figur auf das Niveau der großen handlungsführenden Frauengestalten der Epoche. Die fünfziger Jahre wären vielleicht mit der Ironie der Geschichte vom Blumenmädchen, das durch Sprachstudien zur feinen Dame aufsteigt, überfordert gewesen. Die frühen Sixties zeigen ihre Entschlossenheit, Frauen im Kino zu mehr Eigenständigkeit zu verhelfen, auch in diesem opulenten Musical. Wenn Hepburn (beziehungsweise ihre deutsche Gesangsstimme Monika Dahlberg) das zähnefletschende »Wart's nur ab, Henry Higgins« herausschleudert, werden die Mannsleut im Publikum

Im Film *Infam*, mit
Shirley McLaine,
1959.

bei aller Heiterkeit vielleicht geahnt haben, dass sie sich warm
anziehen müssen.

Audrey Hepburn ist vornehmlich in Komödien, Musicals
und Romanzen aufgetreten, sie hat in einer Tolstoi-Verfilmung
geglänzt *(Krieg und Frieden,* 1956), aber auch in Charakterrollen
überzeugt, so in *Infam* (1961), wo sie neben Shirley McLaine eine
Lehrerin spielt, der ein lesbisches Verhältnis mit ihrer Kollegin
nachgesagt wird. Tiefer noch beeindruckte sie 1959 in *Geschichte
einer Nonne.* Ausgerechnet Audrey Hepburn, das berühmte Model,
von dem der Hollywood-Ausstatter Cecil Beaton gesagt hat, dass
»niemand auf der Welt besser anzuziehen« sei, bestreitet einen
ganzen Film im strengen Nonnen-Habit, dessen Kopfteil sogar
den Haaransatz bedeckt. Gesicht und Hände müssen hier leisten,
was einst die schönen Outfits besorgten. Der zeitlose Stoff, der
den Konflikt zwischen religiöser Berufung und den Verlockun-
gen des weltlichen Daseins, zwischen Pflicht und Liebe behandelt,
wird im Spiegel von Hepburns Mimik wunderbar lebendig. Ihre
Leistung brachte ihr eine Oscar-Nominierung und den New Yor-

ker Kritikerpreis ein. Mit diesem Film hat die Tochter das Vaterhaus verlassen und sich auf die Suche nach sich selbst begeben. Ihren Eigensinn hat sie mitgenommen.

Überlegungen zu Ausdruck und Wirkung der Audrey Hepburn bleiben unvollständig, wenn man allein die Schauspielerin in ihren Filmrollen betrachtet und sich nicht auch das erfolgreiche Fotomodell anschaut. Als Botschafterin der Mode, als Star-Mannequin des mit ihr zusammen zum Ruhm aufsteigenden Modeschöpfers Hubert de Givenchy war sie nicht weniger bedeutend. In *Ein süßer Fratz* wird sie direkt als Model inszeniert und führt eine Reihe von Kollektionen vor. Auch in *My fair Lady* gibt es mehr als eine Szene, in der das Kleid, das sie spazieren trägt, im Mittelpunkt steht und weniger sie als Trägerin. Sicher war sie eine Pionierin in Sachen Schlankheit auf dem Laufsteg; die »Vorführdamen«, wie man damals noch sagte, waren zu ihrer Zeit meistens fülliger. Hepburn hatte in ihrer Ballettausbildung gelernt, sich graziös zu bewegen, der gekünstelte Catwalk, der die zeitgenössischen Models wie Angehörige einer fremden Spezies über die Stege stelzen lässt, war damals unbekannt. Dennoch bewegte sich Audrey als Model nicht »natürlich«, sondern kunstvoll und gemessen, sparsam und eine Spur zögerlich. Sie schien zu wissen, dass es die Robe war, der Hut oder die Hose, auf die es ankam und nicht sie selbst. Diese Zurückhaltung war es dann, durch die der Betrachter gerade auf sie aufmerksam wurde. Was man stets spürte, war, dass die zierliche Vorführdame ihre Garderobe liebte und glücklich war, sie präsentieren zu dürfen. Diese Freude am Zurschaustellen extravaganter Kleider steht interessanterweise nicht im Widerspruch zu dem fehlenden Narzissmus, der ihr oben bescheinigt wurde. Audrey brachte es fertig, ein Gewand zu präsentieren und den Stolz, der sich dabei auf ihrem strahlenden Gesicht zeigte, auf das Kleid zu beziehen und nicht auf ihre Kunst des Vorführens oder ihre reizende Figur mit der Wespentaille. Sie war auch als Model die Tochter, die alles richtig machen wollte

Gregory Peck
Audrey Hepburn

ein
HERZ
und eine
KRONE

Prod. und Regie
William Wyler

– aber dabei ihren eigenen Stil, ihre ganz besondere mädchenhaft-
fröhliche Eleganz nie verleugnete. Mit ihren unaffektierten Posen
überzeugte sie die Damenwelt der Zeit von den Modellen des
Hubert de Givenchy, von seiner zugleich sportlichen und phanta-
sievollen Linie mit Nickytuch, tailliertem Kostüm, langen Handschuhen – und riesiger Sonnenbrille. »Sie ist das perfekte Model
für mich«, erklärte der Couturier, » mit diesem langen, schlanken
Körper und dem Schwanenhals«. Mit de Givenchy verband sie
eine lebenslange Freundschaft, die tiefer ging als die zu ihren Partnern und Regisseuren.

Wer de Givenchy sagt, muss auch Paris sagen – die Seine-
Metropole war die Traumstadt der fünfziger Jahre. Hier wollten
Studenten studieren, Schriftsteller, Maler und Schauspielerinnen
bewundert werden und Modemacher Erfolge feiern. Die europä-
ische Ikone Audrey Hepburn, die Niederländerin, die ihre ersten
Filme in England drehte und mit Amerika nie richtig warm wurde,
begann ihren Aufstieg mit einem Film, der viel von Rom zeigt *(Ein
Herz und eine Krone),* war im zweiten US-Film *Sabrina* dann aber

schon eine Wahl-Pariserin und kehrte mit *Ein süßer Fratz* nach Paris zurück. *Ariane* spielt ebenfalls in Paris, selbstverständlich auch *Zusammen in Paris* (1964, mit William Holden) und *Charade*. Einzig *Frühstück bei Tiffany* inszeniert eine amerikanische Stadt, New York, ähnlich dicht-atmosphärisch wie sonst nur Paris. Was bedeutete die Stadt für die Jugend der Fifties? Sie war ein Dorado für Intellektuelle und Künstler, aber auch für Touristen aus aller Welt. Schließlich war sie unzerstört geblieben – zwar gedemütigt durch die deutsche Besatzung, aber dann hatte sich das Blatt gewendet, die Nazis waren vertrieben worden und die Franzosen standen auf der Seite der Sieger. Wer den Krieg vergessen und urbanes Leben genießen wollte, den zog es nach Paris mit seiner inspirierenden Öffentlichkeit der Theater, der Boulevards, der Uferpromenaden, der Straßencafés. Die Aura dieser Stadt mit ihren hübschen Frauen war so unwiderstehlich, dass auch Hollywood sie als Kulisse nutzte und für Hepburn, diesen eleganten europäischen Star, als ideales Ambiente auswählte. Im Paris-Fieber der fünfziger Jahre drückte sich die Sehnsucht nach Wiederauferstehung eines Europa aus, das sich innerhalb von nur drei Jahrzehnten zweimal nahezu selbst zugrunde gerichtet hatte. Paris bewies, dass den destruktiven Kräften ein bewahrender Wille entgegenstand. Und Hepburn, die zwischen den beiden Kriegen geboren worden war und den zweiten überlebt hatte, sollte mit ihren Paris-Filmen den Glauben an eine Jugend beflügeln, die zu Neuanfang und Versöhnung fähig war. Es ist kein Zufall, dass die bekanntesten Filme ihrer einzigen ernsthaften Konkurrentin, der Tänzerin und Schauspielerin Leslie Caron, ebenfalls in Paris spielen.

Audrey Hepburn hat Mode gemacht – in dem Sinne, dass, wie gesagt, nahezu alle Mädchen der westlichen Welt irgendwann aussehen wollten wie sie. Ihren Look kopierte man überall, ihre Brillen, ihre Frisuren, ihren Schminkstil. Dabei wirkte ihre Schlankheit weniger als Aufforderung zum Hungern denn als Chiffre für Jugendfrische in einer zivilen Epoche, für die Zeit *vor* der Verantwortung mit Mann, Kindern und Heim. Wer wie Hepburn aussah oder sich so fühlte, durfte sich noch unbekümmert von gesellschaftlichen Zwängen selber lieben und ausprobieren, er beziehungsweise sie brauchte mit dem (erwachsenen) Leben und der Liebe noch nicht vollends Ernst zu machen. Auch die Sexualität war noch nicht voll angesagt, man war erst mal nur Tochter. Diese Message trägt die Hepburn-Ikone unmissverständlich ins Land. Bestätigt sie damit die den Fifties immer wieder unterstellte neurotische Prüderie?

Die Antwort ist nicht so ganz einfach. Prüde waren Erscheinungen, Look und Rollen der Audrey Hepburn keinesfalls, aber sie waren auch nicht sexy. Nicht einmal in ihren reifen Rollen, etwa als Eliza oder als Joanna, wirkt die verliebte oder werbende Frau erotisch. Beziehungsweise: ihre erotische Wirkung verbindet sich so restlos mit der Jugendlichkeit, Intensität und Zartheit ihrer Person, dass sie irgendwie sublimiert erscheint, als habe sie den Ballast animalischer Vitalität, die man an den Liebesgöttinnen jener Zeit, zum Beispiel an Elizabeth Taylor oder Ava Gardner bewunderte, abgeworfen. Audrey Hepburn war auf der Leinwand eine absolut hinreißende Persönlichkeit, aber ihr Charme hatte keine Nähe zur sexuellen Verführung, sondern zu einem Spiel oder einem Kunstgenuss, die heiter und eine Spur sophisticated waren. Das ist sicher auch ein Grund dafür, dass sie so oft mit sehr viel älteren Partnern vor der Kamera stand. Dem väterlichen Liebhaber durfte man genug Rücksicht zutrauen, dass er die verletzliche Nymphe schonte beziehungsweise sie auf Händen trug und mit all dem Zartgefühl an sich drückte, das nötig war, um ihre Reize intakt zu erhalten. In *Frühstück bei Tiffany* ist sie eine poetische Phantasmagorie, ein liebliches und manchmal komisches Hirngespinst, wie geschaffen dafür, als Muse eines Schriftstellers ein Leben ohne Bodenhaftung zu führen. Als Mädchen, das sich von Männern aushalten lässt, müsste sie eigentlich ein wenig Sex versprühen – aber es ging eben auch anders. Hollys beziehungsweise Hepburns einmaliger Liebreiz erregt auf seine Weise. Und die Kleider, die sie vorgeführt, der Look, den sie kreiert hat und der ihr so viele Nachahmerinnen bescherte – all das brauchte keine erotische Ladung, um zu begeistern. Audrey Hepburn war ein Mädchen, das mit seiner Grazie und seiner Unschuld wie eine süße, verschlüsselte Melodie über sein Publikum gekommen ist. Jeder sollte sich seinen eigenen Text dazu denken und dichten, es konnte auch ein erotischer sein. Oder wie es ihr Filmpartner Richard Dreyfuß einmal ausgedrückt hat: »Sie war ein Traum. Sie war der Traum, an den man sich erinnert, wenn man mit einem Lächeln erwacht.«

Hildegard Knef – Heilige Sünderin

Corinna Weidner

1993 wird Hildegard Knef im Privatfernsehen auf bizarre Weise von ihrer Vergangenheit eingeholt. Sie ist zu Gast bei Günther Jauchs *Stern TV,* ebenfalls in die Sendung eingeladen hat man den Geistlichen Carl Klinkhammer, seinerzeit einer der lautstärksten Kritiker des Film *Die Sünderin.* Nun, rund 43 Jahre später, nutzt er den Fernsehauftritt für eine Erneuerung seiner Moralkritik. Vor ihm sitzt eine 68-jährige Frau, die schon als blutjunge Schauspielerin deutsche Geschichte geschrieben hatte, bevor ihr mit der *Sünderin* Anfang der fünfziger Jahre ein Comeback gelang, was scheinbar nichts von seiner Gültigkeit verloren hat.

Sprengsätze barg *Die Sünderin* für die bürgerliche Nachkriegsmoral tatsächlich nicht nur durch den sekundenkurzen Blick auf Knefs blanken Busen, auch wenn die Nacktszene dramaturgisch geschickt ausgespielt wird. Erst im letzten Drittel des Films ist sie das Aktmodell ihres Freundes, dem Maler Alexander. Weit entfernt im Bildhintergrund liegt sie auf einer Decke, die Beine sorgsam beieinander. Aber mit dem gemalten Akt in leinwandfüllender Großaufnahme eröffnet und endet der Film. Dazwischen entspinnt sich eine Geschichte um die Moral der Liebe, die dicht verstrickt ist und zudem aus der Perspektive der Frau erzählt wird – die markante Stimme der Titelheldin kommentiert den gesamten Film im Off. Der ursprüngliche Titel »Die heilige Sünderin« macht noch verständlicher, warum gerade die Kirche sich ins Mark getroffen fühlen musste. Die heroische Botschaft – sie steuert auf die gängige Formel von »wahre Liebe siegt« hin – ist auf perfide Weise ambivalent konzipiert und schreckt nicht davor zurück, heiße Eisen wie Dutzendware anzugehen: Prostitution von Mutter und Tochter, jugendlicher Quasi-Inzest, Frigidität, Selbstmord aus Liebe und Tötung auf Verlangen. Dem Voyeurismus und den

Tabuthemen setzt die Erzählweise der *Sünderin* noch eines drauf. Mit der subjektiven Perspektive der Hauptfigur Marina legt der Film eine Ebene an, auf der die moralischen Fragen in einer Art Ich und Über-Ich-Diskussion bereits vorweg verhandelt werden. Auch schwingt auffallend ein »Herr vergib ihnen, denn sie wissen nicht, was sie tun« mit. Die übermenschliche Liebesleistung, mit der Christus die Vergebung der Sünder bei Gott erwirkt, wird kurzerhand dem Publikum zugeschoben. Die Filmfigur, das »Mädchen Marina«, schaut sich die Prostitution in Kriegszeiten bei der bürgerlichen Mutter ab, denn diese will den eigenen sozialen Abstieg, hervorgerufen durch die ablehnende Haltung ihres Mannes den Nazis gegenüber, nicht mittragen. Marinas Initiation findet im Elternhaus durch ihren halbstarken Stiefbruder statt. Die Unschuld geht unschuldig verloren, denn das Mädchen erkennt, dass es »nichts spürt«, also nicht weiß, was es tut. Dass es dabei auch die Chance erkennt, in der Gesellschaft ein eigenes Auskommen zu erwirtschaften, wird nach dem Rauswurf von Zuhause zu einer Überlebensoption. Die echte Liebe lernt es erst mit einem anderen sozialen Außenseiter kennen, einem Maler, der an einem Gehirntumor unter Schmerzen erblindet. Für ihn wird Marina nochmals durch die mittlerweile als »Dreck« erkannte Prostitution gehen, ihm auf sein Verlangen hin Tabletten verabreichen und im eigenen Selbstmord an seiner Seite liegen. Weltliche Liebe bis in den Tod, selbstbestimmt getragen von einer »starken« Frau. In der Nachkriegszeit bewegte sich der Film damit nicht nur vor dem Hintergrund der nazistischen Euthanasie, vor allem verhandelte er Schicksale, Überlebenskämpfe und moralische Handlungsspielräume von Frauen während und nach dem Krieg. Weit weniger offensichtlich, wie sich zeigen wird, berührte er damit auch die Karriere von Hildegard Knef.

Der klerikale Aktivismus gegen *Die Sünderin* sucht auch heute noch seinesgleichen. Die Kirchenvertreter traten aus dem Zensurgremium der Freiwilligen Selbstkontrolle (FSK) aus, organisierten Kinoblockaden und Protestmärsche, verteilten Handzettel und heizten mit Kanzelpredigten die Stimmung gegen und für den Film an. Im Januar 1951 kam er in die Kinos, bereits im ersten Jahr hatten ihn knapp sieben Millionen Zuschauer gesehen. *Die Sünderin* war Spektakel, seine Hauptdarstellerin eine Sensation und von da an »Sünderin« die Brandmarke und das Markenzeichen von Hildegard Knef. Weit über ein Jahr hielten die auch gegen Knef persönlich gerichteten Proteste an. Für die 26-jährige Schauspielerin war der Film ein doppeltes Comeback. Sie reüssierte nach ihrem erfolglosen Zwischenstopp in Hollywood wieder im deutschen Kino und das mit einer Rolle, deren Abweichung von der gesellschaftlichen Norm und der eigenen Vorgeschichte nicht größer sein konnte. Aus dem Trümmermädchen wurde eine Frau, deren Verkörperung weiblicher Unmoral von da an nicht nur für die Kirche ein zentraler Stein des Anstoßes war; Die *Sünderin* brachte Knef das Image der *femme fatale,* das sich in Filmrollen fortschrieb und an ihrer Person festsetzte. Knef, die dieses Image sowohl bestätigte als auch widersprach, taugte damit in den Fünfzigern als Projektionsfläche für ganz gegensätzliche Vorstellungen und begründete den Mythos, der sie bis heute von den vielen vergessenen Schauspielerinnen dieser Dekade abrückt.

Ganz real hatte Hildegard Knefs Karriere auf den Trümmern Deutschlands begonnen, 1946 wurde der Film *Die Mörder sind unter uns* inmitten der Schuttruinen Berlins gedreht. In der weiblichen Hauptrolle kehrt Knef als Susanne aus dem KZ in die zerstörte Heimatstadt zurück. Nicht einmal den Hauch einer Spur hat diese dramatische Vergangenheit, die im Film mit just einem belanglosen Satz thematisiert wird, im zarten Filmgesicht des Mädchens hinterlassen. Engelsgleich, selbstlos, zupackend und nach vorne blickend räumt Susanne dafür den Schutt aus ihrer Wohnung und hindert ihren Geliebten daran, an einem opportunistischen Nazi-Schergen Selbstjustiz zu üben. Der Film machte Knef zum ersten Nachkriegsstar, die pathetisch verklärte Rolle,

Comeback in
Deutschland: 1950
wird Hildegard Knef
die *Sünderin*.

204

das ausdrucksstarke Gesicht und die spürbare Emphase der 21-jährigen Schauspielerin trafen die Bedürfnisse der Zeit. Die krassen Notstände ließen etliche Menschen in die Kinos flüchten, um für das vergleichbar kleine Geld einer Eintrittskarte der übermächtigen Realität kurzzeitig zu entfliehen. Dort erlebten sie eine natürlich schöne, junge Schauspielerin, der man abnahm, dass sie die Trümmer der Vergangenheit aufräumt und deren Glauben man teilte, dass das Leben nur besser werden kann, besser werden muss. »Arbeiten. Leben. Endlich einmal leben.« formuliert es Susanne stellvertretend für die Zuschauer. Eine Rolle und eine Schauspielerin, für die sich Männer und Frauen gleichermaßen begeistern können und die dem Vakuum der Stunde Null ein wenig Leben einhaucht.

Schnell wird die Presse wichtiges Vehikel und Potenzierungsmaschine der Knef'schen Aura, zuerst im Inland, dann auch im Ausland. Dieses Gesicht ist ein Hingucker, ist titeltauglich. Im Mai 1947 ist sie die erste Schauspielerin auf dem Cover des neuen Nachrichtenmagazins *Der Spiegel,* im August 1948 ziert sie den Titel der ersten Ausgabe des Magazins *Der Stern.* Er zeigt ein Foto aus ihrem aktuellen Film *Film ohne Titel,* von der Sonne beschienen liegt Hildegard Knef im Stroh, dazu verkündet man: »Der Stern unserer Zeit ist kein extravaganter Star. Natürliche Anmut bewundern wir an Hildegard Knef«. Für ihre Rolle in dieser Trümmerromanze wird sie bereits 1948 bei den Filmfestspielen in Locarno ausgezeichnet. Hildegard Knef schafft es sogar, den Deutschen im Ausland wieder ein »schönes« Gesicht zu geben.

Was die oft hymnischen Presseberichte mit beschwören, ist Hildegard Knefs kollektive Bedeutung, ein neuer Gründerzeitmythos: Sie ist die Hoffnungsträgerin nach der totalen Niederlage, Symbol für den Wiederaufbau und die nun kommende Generation der Jungen. Scheinbar ist sie auch die einzige, die in dieser Zeit Glaubwürdigkeit transportieren kann. Weder ist die 1925 Geborene geschichtslos wie die späteren Jungstars der fünfziger Jahre, noch vorbelastet wie die Altstars der Nazi-Ära. Hildegard

Knef hat ein Schicksal, das die Brücke zwischen Vergangenheit und Neuanfang bauen kann – eine Schauspielern *Zwischen Gestern und Morgen,* wie es der Titel ihres zweiten Films (1947) fasst. Zudem ist sie ehrgeizig. Sie will begeistern und überzeugen, will Zuspruch und Karriere machen. Eine Frau will nach oben, die Vergangenheit hinter sich lassen, auch das stellvertretend für die Gesellschaft.

Das lebensbejahende und zupackende Frauenbild, für das Hildegard Knef durch ihre drei Filme Ende der 40er Jahre steht, verschafft ihr eine tiefe emotionale Verwurzelung bei den Deutschen. Ohne dieses Fundament wären die heftigen und diversen Resonanzen auf alles, was Hildegard Knef in Zukunft tun und sein wird, auf ihre Karriere und ihre Person, nicht denkbar. Die Liebe und Begeisterung für die Schauspielerin wird in Ablehnung umschlagen, das Bild der Knef wird immer wieder kippen, die Reaktionen sich in Neid und Hass entäußern. Aber die Deutschen werden auch immer wieder voller Verbundenheit an die Knef und damit an den Punkt der kollektiven Empfindsamkeit anknüpfen, den das Trümmermädchen direkt nach dem Krieg in ihnen berührt hat.

Die Mörder sind unter uns, 1946.

Ist es in dieser Situation nicht eine egoistische, weil karrieristische Fahnenflucht, dass Hildegard Knef schon 1947 Deutschland verlässt? Das Verlangen der deutschen Volksseele nach schneller Heilung muss sich als Chimäre entpuppen. Da schien eine mit zu helfen, das schlimmste Kapitel der deutschen Geschichte möglichst rasch zu zuklappen, und wirft schon das Handtuch, wo das Gröbste noch nicht einmal ganz weggeräumt ist. Dennoch – wenn Knef nach Amerika aufbricht, ins gelobte Land der unbegrenzten Möglichkeiten, macht sie den Traum all derer wahr, die außerhalb des kriegsversehrten Europas die größtmögliche Option eines anderen und besseren Lebens orten. Und so ist es auch ein wenig Balsam für die Volksseele, dass die intakte Siegermacht Amerika eine aus dem besiegten Deutschland haben will. Hildegard Knef ist hier schon ein Abbild all der Widersprüchlichkeiten, die zum Leben der Deutschen gehören. Auch was den Versuch betrifft, Meister des Verdrängens, der einfachen Lösungen und des Schönredens zu bleiben, wird an Knef die eigene Selbsttäuschungen ablesbar. Es ist ein offenes, wenn auch tunlichst nicht breit getretenes Geheimnis, dass Hildegard Knef während des Krieges mit einem Filmfunktionär der Nazis liiert war, dem von Propagandaminister Goebbels eingesetzten Produktionschef der Filmfirma Tobis, Ewald von Demandowsky. Kurz darauf ist sie mit dem amerikanischen Filmoffizier Kurt Hirsch zusammen. Ist die Liebe eines jungen Mädchens nun als Spielball der Geschichte oder opportunistisches Geschick zu verbuchen? Müßig, darauf eine Frage zu finden. Verbindungen zwischen amerikanischen Offizieren und deutschen Frauen waren Realität, schon 1945 wurde das sogenannte Fraternisierungsverbot aufgehoben, moralisch jedoch wurden diese Verhältnisse von beiden Seiten scharf angegriffen. Hildegard Knef changiert also zwischen dem hehren Ideal der deutschen Trümmerfrau und seinem Gegenentwurf, dem Ami-Liebchen. In dieses Bild passt, dass Hildegard Knef sehr wohl auch extravaganter Star ist. Die natürliche Anmut, welche die Medien so gerne beschwören, meint die Filmrollen-Knef in legeren Hosen oder mit Bediensteten-Schürze, die öffentliche Knef hält im Pelzjäckchen dagegen. Es gehört zu Hildegard Knefs frühem Weg, augenscheinlich oft mit Männern in für ihren Beruf entscheidenden Positionen Affären oder Beziehungen einzugehen, seien es Filmfunktionäre, Regisseure oder Filmpartner. So mancher Frau wird Hildegard Knef damit vermittelt haben, dass sie sich um das eigene Schicksal kümmern und die sich ihr bietenden Chancen ergreifen muss. Im Dezember 1947 heiratet Knef den jüdischen US-Immigranten Kurt Hirsch und übersiedelt im Januar 1948 in die USA, einen Filmvertrag mit einem Hollywoodstudio in Aussicht.

Dass Erfolg und Scheitern so nahe beieinander liegen, hat den Nachkriegs-Deutschen niemand stärker vorgelebt als Hildegard Knef. Bis heute ist sie der beste Spiegel einer deutschen Identitätssuche und seinen konfliktreichen Prozessen, davon geben auch die fünfziger Jahre beredt Auskunft. Zum Beispiel sind Knefs Erfolge in Amerika für die dortigen Maßstäbe eine Fußnote, die Deutschen aber machen darum großes Aufheben. Vielleicht auch, weil Hildegard Knef – anders als viele von den Nazi-Deutschen vertriebenen oder freiwilligen Exilanten (wie auch Kollegin Marlene Dietrich) vor ihr – weder willens noch in der Lage war, sich soweit an die amerikanische Kultur zu akklimatisieren und die notwendigen Anpassungsleistungen vorzunehmen, um langfristig anzukommen. Sie wird zur verzweifelten Grenzgängerin und zur ewigen Heimkehrerin.

1947 war das US-Magazin *Life* auf die Hauptdarstellerin des ersten, amerikanisch lizensierten Films *(Die Mörder sind unter uns)* aufmerksam geworden. Sie sei eine Blume im Staub, schrieb man, und sie wolle nach Hollywood. Aber Hildegard Knef kann im amerikanischen Filmbusiness nicht Fuß fassen. David O. Selznick, Studiobetreiber und Produzent von Blockbustern wie *Vom Winde verweht,* hat ihr einen Vertrag gegeben, befindet sich aber wirtschaftlich bereits auf steilem Abwärtskurs, als die Knef in Hollywood aufschlägt. Der Star einer, für den amerikanischen Maßstab quasi irrelevanten Filmindustrie, ist de facto nur ein junges Talent von vielen, die man in Hollywood »ausprobiert«. Knef spricht nahezu kein Englisch, trotz monatelangem Sprachtraining wird sie ihren Akzent nie ablegen, der sich in Kombination mit ihrer markant-dominanten Stimme zu einem Dauermoment der Befremdlichkeit steigert. Man sucht nach einem Image, um Knef in den amerikanischen Publikumsgeschmack einzupassen. »Gilda Christian« soll ihr Künstlername werden, doch die Hollywood-Anwärterin verweigert sich. Sie ist nicht gekommen, um sich ummodeln zu lassen, schließlich ist sie ihres Wissens nach ja schon wer. Auch wird sie in Hollywood von Marlene Dietrich bemuttert, was zwar in Deutschland Schlagzeilen macht, ihr beruflich aber nichts einbringt. »Hildegarde Neff« lautet der Name, auf den man sich für ihre amerikanische Künstlerexistenz einigt. Ein Kompromiss, wie auch die insgesamt nur

Hoffnung auf eine Hollywood-Karriere Ende der 40er Jahre.

vier amerikanischen Filmrollen, die sie – alle zwischen 1951 und 1952 – spielen wird. Ob biografisch als Deutsche besetzt oder als Vamp mit egozentrischem Charakter, immer bleibt sie die eigenwillige Deutsche mit brachialem Akzent. Mit dieser doppelten Außenseiterrolle findet sie in der direkten Nachkriegszeit in Amerika keine Nische. Nur einmal wird sie gemäß ihrer exotischen Prämissen besetzt und schafft im Musical *Silk Stockings* am New Yorker Broadway mehr als einen Achtungserfolg.

Privat taucht die vorerst arbeitslose Knef in Hollywood in die Kreise der deutschen Exilanten ein, wird von Herbert Marcuse unter ihre Fittiche genommen und erfährt damit eine außerordentliche Prägung. Im Sommer 1949 bekommt sie endlich ein Filmangebot, an der Seite von Montgomery Clift soll sie die weibliche Hauptrolle in *The Big Lift* (deutscher Titel: *Die viergeteilte Stadt*) spielen: Eine Deutsche, die sich in einen amerikanischen Luftbrückenpiloten verliebt. Knef fliegt zu den Dreharbeiten nach Berlin, doch noch vor Drehbeginn entzieht man ihr die Rolle, da ihr Verhältnis zum Nazi Ewald von Demandowsky bekannt geworden ist. Hildegard Knef hat 1970 in ihrer Autobiographie *Der geschenkte Gaul* über diesen Vorfall berichtet. Seitdem kursierte in der deutschen Öffentlichkeit die Version, sie selbst hätte die Rolle wegen unvorteilhafter Drehbuchänderungen und Kürzungen abgelehnt. Vordergründig wird der Vorfall klein gehalten, hintergründig gehört damit die Unbelastetheit der deutschen Schauspielerin nun auch in Hollywood der Vergangenheit an. Hildegard Knef sondiert daraufhin von Amerika aus Filmoptionen in Deutschland, nimmt im April 1950 die amerikanische Staatsbürgerschaft an – seit der Heirat mit Kurt Hirsch ist sie Staatenlose und kann als solche keinen Arbeitsvertrag unterschreiben – und kehrt im August 1950 nach Deutschland zurück, um *Die Sünderin* zu filmen.

Schon die ganze Zeit ihres bisherigen Amerika-Aufenthalts über hat die mittlerweile boomende deutsche Presse Hildegard Knef

neugierig beobachtet. Das Interesse am Fortgang ihres Lebens ist riesig, taugt es doch zur exemplarischen Beobachtung. Sollte sie es dort schaffen, könnten es andere auch. Die Berichterstattung der regionalen und überregionalen Tageszeitungen, der Magazine und Illustrierten ist von Stolz, Hoffnung aber auch von Skepsis durchdrungen. Warum arbeitet sie nicht, wieso hat sie einen Vertrag, dreht aber keine Filme? Schon als Knef im Sommer 1949 für die Dreharbeiten zu *Big Lift* am Berliner Flughafen Tempelhof ankam, erwarteten sie hunderte von Fans und zahlreiche Reporter. Für die Dreharbeiten zur *Sünderin* landet sie nun am Frankfurter Flughafen und wird wieder von Fans und Reportern empfangen.

Elegant verpackt sie ihre glücklose Zeit in Hollywood als lehrreich, die deutsche Presse verbucht sie als Heimkehrerin. Tatsächlich ist *Die Sünderin* für Hildegard Knef von ähnlicher Bedeutung wie ihr erster Nachkriegsfilm *Die Mörder sind unter uns:* Ein deutscher Film wird zu einem gewaltigen Erfolg und verschafft ihr internationales Interesse. Aber weit mehr noch: Die *Sünderin* ist jetzt ein Comeback und auch ein Image-Wandel. Nach diesem Skandalfilm steht die Knef für Erotik und wird in der Kategorie Sexsymbol gebucht, dieser Wandel löst für sie tatsächlich internationale Filmrollen ein: Sex sells. Das erstaunlich daran ist, dass Hildegard Knef kurzzeitig zu einem Exportschlager in einer Sparte wird, in der sie eine Extraklasse darstellt. Sie ist alles andere als ein Pin-up, sie ist ein Vamp. Oder zumindest die Idee eines Vamps. Sexsymbol mit intellektueller Ausstrahlung – ein ganz neuer Typ Frau und definitiv eine Ausnahmeerscheinung.

Hildegard Knef taugt nicht zum klassischen Weibchen. Sie betrat die Nachkriegs-Filmbühne im Alter von 21 Jahren, im Niemandsland zwischen Mädchen und junger Frau. Just als solche sah man sie auf der Leinwand und im Theater. Auf Zelluloid war sie das natürliche Mädchen, nahezu ungeschminkt, mit offenen Haaren und züchtig gekleidet, auf der Bühne eine herausgeputzte Jungdame mit viel Make-up, langen Beinen und hohen Schuhen. Privat bevorzugte Knef Ende der 40er die Idee der Letzteren. Auf Fotos dieser Zeit ist sie durchweg im Kostüm, mit Handtasche und hochhackig unterwegs, die langen Haare eingedreht, das Gesicht stark geschminkt und die Fingernägel lackiert. Einerseits arbeitete sie intensiv am Star-Nimbus, andererseits begleitete sie auch ein unprätentiöses Erscheinungsbild. Diese beiden Images schreiben sich weiter fort und machen Knef zu einem facettenreichen Identifikationsmodell, das seit den frühen Fünfzigern – da bewegt sie sich bereits auf die dreissig zu – vor allem eine starke Individualität transportiert. Tatsächlich hat Hildegard Knef nie einen eigenen Stil geprägt und kann mitnichten als herausragend stilvoll bezeich-

Klassisch, streng,
kühl: Knef-Filmlook
in den frühen 50ern.

net werden. Oft wirkt die Wahl ihrer Abendkleider und modischer Kostüme deplaziert und Damenhaftigkeit wird mitunter zur Farce. Sie überzeugt vor allem im legeren Purismus eines schlichten Rollis oder einer Hemdbluse, was ein damals beliebter wie gängiger Alltagslook war. Das Spezifische an ihren Dresscodes ist, dass sie changieren: zwischen konservativ und modern, zwischen Mode und subjektiver Haltung, zwischen Diktat und Selbstbestimmung. Diese Vermittlung von alten und neuen Werten gelingt mal mehr, mal weniger erfolgreich, die darin enthaltenen Brüche sind durchweg reizvoll. Hildegard Knef zeigt deutlich, dass sie sich nicht auf ein Klischee, auf ein Frauenbild festlegen lässt. Sie pickt sich das heraus, was ihrem Geschmack passt. Weniger bedeutend ist, was sie trägt – auch wenn die immer beliebter werdenden Frauenmagazine ihrem Auftrag gemäß die Namen ihrer Modedesigner nach vorne stellen – als wie sie es trägt. Und das tut sie mit Verve, sei es ein martialischer Ledermantel mit Stiefeln und dazu offene Haare, ein Trenchcoat zu High Heels und oben drauf ein Kopftuch oder zum steif drapierten Abendkleid als Dauerattribut eine brennende Zigarette. Die Knef ist »cool«, und das meint eine innere Haltung, somit wird Hildegard Knef gerade auf dem für Frauen wichtigen Feld der modischen Repräsentanz zu einem weiblichen Orientierungsmoment.

Abseits der Kleidung oder Verkleidung war das Augenfälligste an Hildegard Knef immer schon das charismatische Gesicht, von der Filmkamera gerne in Großaufnahme eingefangen. Anfangs jugendlich schön, gleichzeitig ausdrucksstark und eigenwillig. Ein ovales Gesicht mit hoher Stirn, intensive, strahlende Augen unter dominant geschwungenen Augenbrauen, ein großer, oft übersinnlich geschminkter Mund. Die Nationalsozialisten hatten dieses Gesicht als nahezu idealtypisch arisch bewertet, nur die Nase störte. Die müsse operiert werden, kommentierte Joseph Goebbels 1943 erste Probeaufnahmen der 18-Jährigen, tatsächlich ließ sich die Schauspielerin 1957 die Nase operativ verkleinern. Schon 1947 klingt in *Film ohne Titel* ein Look an, der in der *Sünderin* grandios verfeinert und heraus gestellt wird, den sonst so keine trägt: Der strenge, voluminöse Haarknoten legt das Gesicht frei, die hohe Stirn wird durch einen Minimalpony umschmeichelt. Diese Frisur wird tatsächlich zu einem Knef-Look, auf den man auch in anderen Filmen zurückgreift *(Gefährlicher Urlaub, Illusion in Moll, Alraune, Svengali, Schnee am Kilimandscharo)*. Er bringt die Quintessenz, für die Hildegard Knef nun steht, auf den Nenner: Kühl bleiben, aber mit Reizen nicht geizen. Die erotisch anziehende, berechnende Frau mit einem Schuss Androgynität. Die Haare stellvertretend im Zaum gehalten, um sie jederzeit öffnen zu können. Der Vamp. Nur liegt hier auch das ewig Knef'sche Dilemma begraben. Sie passt – außer in den frühen Trümmerfilmen – nie vollends in eine Schublade, kommt nie dauerhaft in einem Frauenbild an. Für den Vamp wäre Hildegard Knef eine tatsächlich zeitgemäße Besetzung gewesen. Die »Vampir«-Frau ist, seit Theda Baras rachsüchtiger Erstverkörperung im Stummfilm, maximal männermordend, grundsätzlich von selbstbestimmter Sexualität und Normüberschreitung gekennzeichnet. Sie ist intelligent, gefühlskalt und strebt nach Macht. All das kann Hildegard Knef mit ihrer breitschultrig statuesken Schönheit und ihrer verruchten Stimme im Film verkörpern. Auch die private Knef passt mit den vielen Männern, die sie sich nimmt, ins Bild, die Medien berichten genüsslich. Liegt es also doch am restaurativen Charakter der fünfziger Jahre, dass man ihr diese Rollen nicht in voller Konsequenz erlaubt? Es ist ein Ticket, mit dem sie eine kurze Zeit lang gut fährt, was dann aber wie Staub zerfällt. Die Knef als Vamp ist aus heutiger Sicht schwer nachvollziehbar, mehr noch ist es eine reine Zeitgeist-Erschei-

Broadway-Musical
Silk Stockings, 1955
(mit Don Ameche).

nung, kein Bild von Dauer. Nach dem Bohei um die *Sünderin* ist Knef ad hoc gut im Geschäft und wird auffällig oft in der Rolle eines leichten Mädchens oder einer Männer-Domptöse besetzt. Als dieser Typ ist sie nun im amerikanischen, deutschen, französischen und vor allem britischen Film gefragt und repräsentiert für ein paar Jahre tatsächlich deutsche Killer-Erotik im Ausland. Die Zutaten stimmen, aber die Backmischung geht nicht auf. Exemplarisch dafür sind zwei amerikanische Filme: *Schnee am Kilimandscharo,* ihr einziger »A«-Film in Hollywood, gedreht 1952 in knalliger Technicolor-Farbe und mit großem Staraufgebot, und – direkt im Anschluss – *Night Without Sleep,* einem Mittelklasse Schwarzweiß-Film. Hier ist sie als glamouröse Lisa Muller besetzt, die eine Affäre mit einem Komponisten hat. Als er verspätet zu einer Verabredung im Restaurant erscheint, reagiert sie harsch und serviert ihn kühl ab, im Verlauf der Geschichte wird sie lamentierend und pathetisch um seine Gunst bitten, als er sie verlassen will. Ein ähnliches Schicksal erfährt sie als Gräfin Liz im *Schnee am Kilimandscharo.* Sie ist eine mondäne wie reiche, an der Riviera lebende Jet-Setterin und Bildhauerin und kann in beiden Rollenzuschreibungen überzeugen. Mit Verve gibt sie die berechnende, über ihr Leben und ihren Partner bestimmende Frau, rauscht im Abendkleid durch die Halle ihrer Villa, arbeitet im schicken Arbeitskittel an einer Tonskulptur, dirigiert die ihr dafür Modell stehende Frau in Positur und serviert nebenbei den moralinsauren Schwiegervater in spe ab. Sie hat einen Plan und verfolgt ihn mit ausgeklügelten Mitteln. Es ist ganz offensichtlich, dass die Schauspielerin Hildegard Knef nur dann richtig überzeugt, wenn die Rolle ihre eigene Verfasstheit, ihr eigenes inneres Bild trifft. In diesem Sinn ist sie eine Charakterdarstellerin, dann amalgamiert die dominante Erscheinung der Frau Hildegard Knef mit der Schauspielerin zu einer wirklich eindrucksvollen Figur. Ist das aber nicht der Fall, wird die Diskrepanz zwischen Schein und Sein ebenso deutlich. Hildegard Knef ist weder vom Äußeren noch vom Charakter her eine durchschnittliche oder eindimensionale Frau. Sie fällt auf, im

Guten wie im Schlechten. Auch die Rolle der Gräfin im *Schnee am Kilimandscharo* ist – wie in vielen anderen Filmen dieser Zeit – im Drehbuch nicht stringent angelegt. Selbstbestimmte Frauen bleiben auf der Strecke und mutieren in Lichtgeschwindigkeit zu jammernden Häufchen. So muss die Gräfin beim Abgang des Geliebten plötzlich eine weinerliche Figur machen und auch Hildegard Knef entgleitet in einen schwachen Abgang. Bei dem ursprünglich von Hollywood für sie angedachten Künstlernamen Gilda Christian stand Rity Hayworth in der Rolle der Gilda Patin. Nur ein Jahr vor Knefs Ankunft in Hollywood hatte dieser Film für Furore gesorgt und tatsächlich hätte Knef mit ihrer kernigen Statur und dem kühl-lasziven Feuer in diese Sparte passen können, die Gräfin Liz im *Schnee am Kilimandscharo* zielt in diese Richtung. Im Jahr 1952 aber passt diese Sparte generell nicht mehr. Die Unantastbarkeit des Vamps konnte sich im geheimnisvollen Licht des Schwarzweißfilms entfalten, in der grell-poppigen Buntheit des Farbfilms der fünfziger Jahre wird diese Figur umgestrickt. Bezeichnenderweise trägt Hildegard Knef in diesem Film ein ausrangiertes Kleid von Marilyn Monroe, beide sind bei der Twenties Century-Fox unter Vertrag. An Monroe hatte man das schwarze Abendkleid mit strassbesetzten Trägern für Probeaufnahmen zu *Blondinen bevorzugt* nur ausprobiert, auf der Leinwand trägt es die naturblonde Vamp-Knef. Ein Auslaufmodell, was der peroxidierten Sexgöttin Platz machen muss.

Wenn Hildegard Knef von Hollywood etwas Gutes mit auf den Weg bekommt, dann ist es der Beginn einer Gesangskarriere. Zwei Lieder des Erfolgskomponisten Cole Porter nimmt sie für *Schnee am Kilimandscharo* auf, eines schafft es in den Film. Dreizehn Jahre zuvor hatte bereits Marlene Dietrich den Song *You Do Something To Me* aufgenommen, Knef wird nun als ihre Wiedergängerin kommentiert. Die singende Knef setzt sich prompt durch, schon im selben Jahr singt sie im deutschen Film *Alraune*. Dafür ist der US-Erfolg von *Schnee am Kilimandscharo* mäßig, es folgt kein weiteres

Filmangebot in Amerika, zwei Jahre später jedoch von Cole Porter das Angebot für die weibliche Hauptrolle im Musical *Silk Stockings* am New Yorker Broadway. Für ihre Performance in diesem erfolgreichen Stück wird sie gefeiert, Cole Porters Entscheidung, Knef als russische Agentin Ninotschka zu besetzen zeigt, dass er für sie tatsächlich ein stimmiges Profil erkannt hat. Laut muss sie aus technischen Gründen auf der mikrofonlosen Musicalbühne singen, auch ihr wenig dezenter Selbstdarstellungsdrang kann sich hier entfalten und wird durch die als Camouflage angelegte Figur endlich einmal zur Kunstform gesteigert. Selbst der exotische Akzent passt wie die Faust aufs Auge, Hildegard Knef ist eine stark geschminkte, umwerfend komische und mitreißende Darstellerin, eine gelungene Groteske im entfernten Geist der Marx-Brothers. Und sie kann vom maskulinen KGB-Ledermantel bis zum großen Abendkleid ihre prägnanten Looks ausspielen. Durch knapp 700 Vorstellungen peitscht sie sich bis zur Erschöpfung, kündigt und kehrt Amerika den Rücken. Im Mai 1956 tritt sie von Westen aus die Heimreise an, im selben Jahr wie auch die letzten Spätheimkehrer, die aus entgegengesetzter Richtung kommen.

Im Europa gegenüber aufgeschlossenen New York hat Hildegard Knef einen starken Eindruck hinterlassen. Folgt auch dem zwar kein Rollenangebot, so doch ein medialer Nachhall auf die Knef'sche Exotik-Erotik. Eine Sexkönigin der *eggheads* nennt sie ein US-Männermagazin im August 1956 und erläutet, dass Hildegarde Neff für Männer unwiderstehlich sei, die Bücher lesen. Das Potential einer Marlene Dietrich der Neuzeit ist erkannt. Sie hat »intellektuellen Sex«, wird es Henri Nannen, Stern-Herausgeber und in den fünfziger Jahren Knef-Geliebter, öffentlich formulieren. Allerdings erst gut fünfzehn Jahre später, denn für dieses Frauenbild ist die Bundesrepublik Deutschland erst ab Ende der Sechziger aufnahmebereit. Hildegard Knef kann sich im Deutschland der Fünfziger, dessen volkswirtschaftlicher Motor auf Hochtouren läuft, vorerst nicht positionieren.

Eine Hauptachse des deutschen Kino-Booms wurde schon 1950 mit dem Kassenschlager Schwarzwaldmädel gelegt, das eskapistische Bedürfnis bedient vorne weg der Heimatfilm, den grauen Alltag mit intakter Bergwelt und sauberen Liebesromanzen konterkarierend. Sein Frauenbild ist dementsprechend klischiert und auf hausfrauliche wie mütterliche Funktionen reduziert. Karriere wird bitte nur in der Liebe gemacht, nicht im Beruf. Maria Schell und Sonja Ziemann lächeln und weinen sich durch diese Filme, ab 1954 schwelgen viele im Sissi/Romy-Schneider-Rausch, 1956 kommen *Die Halbstarken* ins Kino und damit ist Karin Baal eine der vielen Anwärterrinnen der jungen Garde, die ebenfalls am Start ist. Zu all diesen Frauen ist Hildegard Knef diametral positioniert. Außerdem steht ihr Name nach wie vor für die Dimension eines großen Stars, als solcher soll sie in Deutschland der neuen Ufa zum Aufstieg verhelfen. Ihr eigener Anspruch ist genauso hoch wie der Druck auf sie. »Kam freudig erregt in die Heimat

Mit Regisseur Wolfgang Staudte 1957 *(Madeleine und der Legionär)*.

zurück, bekam einen Preis und wurde verwöhnt, doch nach einer Pleite, da war ich verpönt« fasst Hildegard Knef in ihrer musikalischen Autobiografie *Von nun an ging's bergab* (1967) diese Zeit zusammen. Für eine Millionen-Gage nimmt die Ufa sie unter Vertrag, doch ihr erster Film *Madeleine und der Legionär* (1957) wird ein totaler Flop. Ein Männerfilm in Schwarzweiß, in dem Knef eine nebenrangige Rolle als Lehrerin während des Algerienkriegs spielt und mit dem die Ufa im Jahr einer gravierend nachlassenden Kinobegeisterung in den Ruin schlittert. Kein berufliches Comeback also für Knef, dafür ein neuer Look: Für die Rolle fallen die Haare, Knef sieht ab jetzt tatkräftig modern aus.

Ab Mitte der Fünfziger ist Hildegard Knef vor allem eine öffentliche Person, eine Prominente. Die Menschen wollen sie sehen, fühlen, anfassen. Knef live ist charismatisch. Ihre Ankunft 1957 am Berliner Flughafen – es ist ihre nach einem halben Jahr Erholungsurlaub in der Schweiz verzögerte Rückkehr aus den USA – wird zu einem Volksfest, gerade die Berliner lieben »ihre Hilde« inbrünstig, im Anschluss bittet der West-Berliner Bürgermeister Otto Suhr im Rathaus zum Empfang. In Folge ist jeder Schritt und Tritt von ihr diskutierenswert. Die Medien berichten, wie Frau Knef ihre Villa in Dahlem einrichtet, warum sie nach dem Ufa-Desaster endgültig abgeschrieben ist, dass sie für die Nebenrolle im Film *Der Mann, der sich verkaufte* den Bundesfilmpreis in Silber erhält und welches Kleid sie dabei trägt. Boulevard und Kulturpresse widmen sich ihr gleichermaßen, schließlich verkehrt sie auch in illustren Kreisen von Künstlern, Intellektuellen und Politikern. Die aufstrebende Wohlstandsgesellschaft reagiert auf sie wie ein nervöser Magen, Knef sorgt für Dauerirritation mit einem unkalkulierbaren Lebensweg, Triumphen, Affären und Flops. Sie wird hochgejubelt und verrissen, mit Größenwahn einverleibt und mit Aversion abgewehrt, denn sie bricht aus, konterkariert Erwartungshaltungen, ist nicht einzuordnen. Man kann sich nicht entscheiden, ob sie für Tradition oder Wandel steht, für einen erfolgreichen Kulturexport oder für einen gefährlichen Import von noch nicht kalkulierbaren Wertemustern. Der Filmstar selbst gibt den Medien gegenüber bereitwillig Auskunft und nimmt damit eigene Spielräume wahr, bis hin zu Gegendarstellungen. Immer wieder zeichnet Knef von sich damit auch das Bild einer hart arbeitenden Frau, einer Berufstätigen. Aus dem Fakt, dass sie als Werbeträgerin für Lux-Seife und Ergee-Seidenstrümpfe gleichermaßen taugt, lässt sich vielleicht das prägnanteste Fazit darüber ziehen, wofür Hildegard Knef in der Adenauer-Ära steht. Für beide Enden der Benimm-Skala bietet sie eine Repräsentationsfigur, mehr noch schafft sie es auf der vom realen Leben abgerückten Starebene, beides zusammen zu führen: das Saubere der Seife und das Verruchte der Nylonstrümpfe, verpackt als notwendige Accessoires einer Frau, die zwischen Berlin, Paris, London und New York unterwegs ist und einen Job zu erfüllen hat, bei dem sie immer glänzen muss. Damit weist sie den Frauen deutlicher als andere den Weg in die schwierige Realität, welche ihnen die Kluften und Widersprüche der Nachkriegsmoderne aufzwingen. Eine für das Massenpublikum inszenierte Filmrolle wie die 1954 von ihr souverän verkörperte Journalistin Hilde Garden *(Geständnis unter vier Augen)* hat als Vorbild fraglos weit mehr antizipierte Außenwirkung als die reale Unternehmerinnenkarriere einer Aenne Burda. Die hatte mit der unternehmerischen Selbstständigkeit eine innereheliche Konsequenz aus den Seitensprüngen ihres Mannes gezogen.

Hildegard Knef betritt und verlässt die öffentliche Bühne der fünfziger Jahre in Deutschland mit einem Skandal. 1951 zieht sie als Sünderin, 1959 als Ehebrecherin ein öffentliches Beben nach sich, denn sie hat jetzt einen sieben Jahre jüngeren, britischen Liebhaber, der bereits mit einer anderen verheiratet ist. Tatsächlich versucht sie schnellstmöglich, ihre große Liebe David Cameron in den bürgerlichen Stand der Ehe zu überführen, dabei hat die gesellschaftliche Realität diese Art von Skandal längst über-

Hildegard Knef Ende
der 50er Jahre in
Deutschland.

Großer Empfang bei
der Rückkehr nach
Berlin, 1957.

holt. Im November 1957 wurde Rosemarie Nitribitt ermordet
in ihrer Frankfurter Wohnung aufgefunden. Die Prostituierte
mit illustrem Klientel aus Politik und Wirtschaft wirkt wie eine
dem Knef'schen Illusions- und Realmodell nachgebildete Figur,
ein Konglomerat aus der *Sünderin*-Schauspielerin und dem mit
Statussymbolen geschmückten Heimkehrstar. Die 24-jährige
Nitribitt ging am Steuer ihres mondänen, schwarzen Mercedes
SL Cabriolet auf Kundenfang, »La Knef« war im selbstbezahl-
ten weißen US-Chevrolet öffentlichkeitswirksam in Deutschland ankommen. Nitribitt inszenierte sich als Edelhure wie ein
Filmstar und bediente saturierte Erfolgsmänner. Der Stoff dieser realen Geschichte war so heiß, dass ihn die Filmemacher in
Lichtgeschwindigkeit schon ein knappes Jahr später in die Kinos
brachten, in der Hauptrolle nicht Knef, sondern eine vier Jahre
jüngere, österreichische Darstellerin und ehemalige Schönheits-
königin: Nadja Tiller.

Mit der *Sünderin* hat Hildegard Knef den fünfziger Jahren in
Deutschland ihren Stempel aufgedrückt. Ihre anderen 18 Kino-

filme dieser Zeit sind fast durchweg weder große Kunstwerke noch Dokumente einer besonderen Schauspielleistung, weshalb man diese Ära innerhalb ihres Gesamtwerks nur punktuell erinnert. Von den 60ern an wird sich die singende Knef viel stärker etablieren, vor allem und bezeichnenderweise mit eigenen Chansontexten, später mit ihrer Autobiografie. Das Bedürfnis zum subjektiven Selbstausdruck treibt Hildegard Knef schon in den Fünfzigern an, stößt dort aber auf enorme gesellschaftliche Widerstände. Wie ein Gummiband pendelt sie mit der eigenen Vita zwischen den sich kompliziert auseinander dividierenden Identifikationsprozessen hin und her – und genau das macht sie zur Projektionsfläche unterschiedlicher Lebensentwürfe. Knef bietet für Frauen diverse Rollenmodelle auf dem Weg in die Nachkriegsmoderne an, auch sie selbst wird erst hier zum schillernden, rund um Oppositionen aufgebauten Star. Knef prägt die fünfziger Jahre, die Fünfziger prägen sie.

Nach außen hin durchkreuzt sie in den Filmrollen die Erwartungen, die man an sie hat – aus dem Trümmermädchen wird der Skandal-Vamp. Auf Kosten dieses Imagebruchs erreicht sie kurzfristig sogar die ersehnte internationale Bestätigung, geht dann mit ihrem Auftreten ein Stück weit mit dem neuen Image konform, hält dagegen und lässt sich wieder in die Normen einpassen. Dass sie die Frau mit Eigensinn ist, hat Hildegard Knef schon in den Fünfzigern deutlicher als jede andere öffentlich gelebt, auch den Mut zur Blamage erlernt sie in dieser Nachkriegszeit. Und zeigt damit, dass sich für Frauen eines lohnt: Den eigenen Weg zu gehen.

Anmerkungen

Françoise Sagan – Charmantes Biest

1   Françoise Sagan in einem Interview mit *Le Monde* vom 19./20. Mai 1985.

2   Sagan, Françoise. *Blaue Flecken auf der Seele*. Frankfurt am Main/Berlin/Wien 1973, S. 14.

3   Sagan, Françoise. *Bonjour tristesse*. Wien 1955, S. 11.

4   Françoise Sagan im Dokumentarfilm *Françoise Sagan. Une vie de tous les dangers*. Regie: André Halimi. Frankreich 2004.

5   Sagan, Françoise. *Blaue Flecken auf der Seele*, S. 70.

6   Sagan, Françoise. *Bonjour tristesse*, S. 14.

7   Sagan, Françoise. *Das Lächeln der Vergangenheit*. Berlin und Weimar 1990, S. 51-58.

8   Sagan, Françoise. *Mein Blick zurück*. Erinnerungen. München 2000, S. 69.

9   Ebda., S.28.

10 Sagan, Françoise, *Ein gewisses Lächeln*. In: Sagan, Sagan, Sagan. Frankfurt am Main/Berlin/Wien. 1970, S. 244.

11 Françoise Sagan, zitiert nach Lamy, Jean-Claude, *Françoise Sagan, une légende*. Paris 2004, S. 238.

12 Sagan, Françoise. *Lieben Sie Brahms…* Bergisch Gladbach 1997, S. 51.

13 Sagan, Françoise. *Mein Blick zurück*. Erinnerungen. München 2000, S. 123.

14 Sagan, Françoise. *Blaue Flecken auf der Seele*. 1973, S. 137.

Marlen Haushofer – Schriftstellerin und Hausfrau

1   Schmidjell, Christine. *Marlen Haushofer 1920-1970*. Ausstellungskatalog, Adalbert-Stifter-Institut des Landes Oberösterreich, Sondernummer 22, Wien 1990, S. 39.

2   Ebda., S. 111.

3   Ebda., S. 70.

4   Strigl, Daniela. *Marlen Haushofer – Die Biographie*. München 2000, S. 91f.

5   Ebda., S. 9.

6 Haushofer, Marlen. *Die Mansarde.* Roman. Düsseldorf 1984, Frankfurt am Main 1986, S. 73.

7 Strigl, S. 179

8 Haushofer, Marlen. *Schreckliche Treue.* Erzählungen. Düsseldorf 1986, S. 48.

9 Strigl, S. 237.

10 Ebda., S. 179 f.

11 Haushofer, Marlen. *Die Tapetentür.* Roman. Hamburg/Wien 1957, S. 167.

12 Strigl, S. 238

13 Haushofer; Marlen. *Eine Handvoll Leben,* S. 112

14 Studer, Liliane (Hg.). *Die Frau hinter der Wand. Aus dem Nachlaß der Marlen Haushofer.* München 2000, S. 28.

15 Strigl, S. 217.

16 Interview mit Elisabeth Pablé, ORF Studio Kärnten, Lit. Werkstatt vom 27.1.1968.

17 Ebda.

18 Strigl, S. 179.

19 Ebda., S. 75.

20 Ebba., Strigl, S. 272.

21 Schmidjell, S. 36.

22 Ebda., S. 38.

23 Studer, S. 93.

24 Haushofer, Marlen. *Die Mansarde,* S. 107.

25 Studer, S. 119

26 Haushofer, Marlen. *Die Wand.* Frankfurt/Berlin 1985, S. 82f.

Ingeborg Bachmann – Diva und Denkerin

1 Bachmann, Ingeborg. *Simultan.* München 1974, S. 66.

2 Ebda., S. 71.

3 Burger, Hermann. In: du. Heft Nr. 9, September 1994, S. 69.

4 Bachmann, zit. n. Marko, Gerda. *Schreibende Paare. Liebe, Freundschaft, Konkurrenz.* Zürich/Düsseldorf 1995, S. 125.

5 Bachmann, Ingeborg, »Rede zur Verleihung des Anton-Wildgans-Preises«. In: Hapkemeyer, Andreas (Hg.). *Ingeborg Bachmann. Bilder aus ihrem Leben,* München 1983, S. 145.

6 Bachmann, zit. in: du, S. 36.

7   Zit. n. Christine Koschel, in: du, S. 66.

8   Bachmann an Henze, 31. Dezember 1955. In: Höller, Hans (Hg.). *Briefe einer Freundschaft.* München/Zürich 2004, S. 87.

9   Henze an Bachmann, 18. April 1965, ebda., S. 257.

10 Henze an Bachmann, 5. März 1959, ebda., S. 219.

11 Henze an Bachmann, 12. Oktober 1954, ebda., S. 38.

12 Henze an Bachmann, Ende November 1955, ebda., S. 76.

13 Henze an Bachmann, April 1957, ebda., S. 158.

14 Frisch, Max. *Montauk.* Frankfurt am Main 1964, S. 90.

15 Bachmann, in: Hapkemeyer, S. 153.

16 Bachmann in einem Brief an Hans Paeschke, 17. August 1964, zit. n. Hoell, Joachim. *Ingeborg Bachmann.* München 2001, S. 95.

17 Frisch, S. 145.

18 Bachmann an Henze, 4. Januar 1963. In: Höller, S. 245.

19 Bachmann, Ingeborg. *Das Buch Franza.* München 1981, S. 63.

20 Bachmann an Henze, Brief vom Mai 1957. In: Höllerer, S. 153/154.

21 Bachmann, Ingeborg. *Malina.* Frankfurt am Main 1980, S. 45.

22 Bachmann, Ingeborg. »Das dreißigste Jahr«. In: *Das dreißigste Jahr.* München 1966, S. 40.

Coco Chanel – Die Self-made-woman

1   Zur Charaterisierung der »cultural performance«; siehe u.a. Lehnert, Gertrud. »Mode und Moderne«. In: *Kulturanthropologie des Textilen.* Hg. v. Gabriele Mentges Berlin 2005, S. 251-263, dies., »Wie wir uns aufführen … Inszenierungsstrategien von Mode«, in: *Kunst der Aufführung – Aufführung der Kunst.* Hg. v. Erika Fischer-Lichte, Clemens Risi, Jens Roselt, Berlin (Theater der Zeit) 2004, S. 265-271.

2   Steele, Valerie. *Women of Fashion.* New York 1991, S. 53.

3   Madsen, Axel. *Chanel. Die Geschichte einer einzigartigen Frau.* A. d. Amerik. v. Elisabeth Hartmann. Bergisch Gladbach 1995, S. 150.

4   So Coco Chanel zu Marcel Haedrich, Haedrich 1989, S. 115.

5   Haedrich 1989, 140/141.

6   Madsen 1995, S. 45.

7   Barnes, Djuna. *Solange es Frauen gibt, wie sollte da etwas vor die Hunde gehen!* Berlin 1991, S. 88.

8   Hollander, Anne. *Anzug und Eros.* Berlin 1995.

9 Vgl. de la Haye, Amy /Tobin, Shelley. *Chanel. The Couturière at Work.* London 1994. Die Daten variieren, aber dies scheint das wahrscheinlichste zu sein. 1910 eröffnete Chanel bereits ihr Geschäft in der Rue Cambon.

10 De la Haye/Tobin 1994 betonen ausdrücklich, sie habe nicht zufällig und weil es sich gerade so ergab ihr Geschäft begonnen, sondern sie sei von Anfang zielstrebig und äußerst geschäftstüchtig gewesen.

11 Haedrich, S. 132.

12 Madsen 1995, S.358.

13 Haedrich 1989, S. 143.

14 Madsen 1995, S. 351.

Maria Callas – Betrogene Bühnengöttin

1 Clément, Catherine. *Die Frau in der Oper. Besiegt, verraten und verkauft.* München 1994, S. 29.

2 Callas, Maria. *Meine Meisterklasse. Ein Übungsbuch für Sänger.* Hg. v. John Ardoin, Berlin 2002, S. 15.

3 Ebda., S. 18.

4 Ebda., S. 21.

5 Ebda., S. 18.

6 Zeffirelli, Franco. *Zeffirelli. Autobiographie.* München 1987, S. 144.

7 Kesting, Jürgen *Maria Callas.* München 2000, S. 79.

8 Koestenbaum, Wayne. *Königin der Nacht. Oper. Homosexualität und Begehren.* Stuttgart 1996, S. 187.

9 Galatopoulos, Stelios. *Maria Callas. Die Biographie.* Frankfurt 1998, S. 286.

10 Ebda., S. 340 ff.

11 Ebda., S. 383.

12 Callas, S. 249.

13 Galatopoulos, S. 389.

Edith Piaf – Chaotische Königin des Chansons

1   Piaf, Edith. *Mein Leben.* Reinbek bei Hamburg 1966, S. 93.

2   Ebda., S. 108.

3   Lange, Monique. *Edith Piaf.* Frankfurt am Main 1985, S. 49.

4   Ebda., S. 21 und 61.

5   Fernseh-Porträt »Ich bereue nichts« von Michael Houldey, 1975.

6   Radio-Interview, France Inter.

7   Monserrat, Joëlle. *Edith Piaf. Eine Biographie.* München 1992, S. 311.

8   Ebda., S. 311.

9   Piaf, S. 31.

10   Ebda., S. 9.

11   Monserrat, S. 309.

12   Ebda., S. 310.

13   Crosland, Margaret. *Piaf. Biographie.* Frankfurt am Main / Berlin 1990. S. 91.

14   Fernseh-Porträt »Ich bereue nichts«.

15   Fernseh-Interview.

16   Piaf, S. 50 und 9.

17   Fernseh-Porträt »Ich bereue nichts«.

18   Piaf, S. 108.

19   Crosland, S. 8.

20   Piaf, S. 103.

21   Fernseh-Porträt »Ich bereue nichts« von Michael Houldey, 1975.

22   Monserrat, S. 269.

23   Fernseh-Film: Tour de Chanson: Edith Piaf, NDR 1989.

Bildnachweis

Agip: S. 53, 57 (Michel Holtz). AKG, Berlin: S. 115. Archives Alive: S. 131(Ed Feingersh). Ingeborg Bachmann Erben, Kötschach/Mauthen: S. 82, 84, 88, 95. Chanel, Paris: S. 114 (Hatami). Centre Audiovisuel Simone de Beauvoir, Paris: S. 20. Deutscher Bilderdienst, Frankfurt: S. 139. Rapho / Focus (Robert Doisneau: S. 31. EMI Classics: S. 157, 170, 171. Gisèle Freund / Agency Nina Beskow, Paris: S. 18, 23, 28. Gamma-Liaison /Studio X: S. 118. John Gerassi, Queens College, New York: S. 26, 38. Harper's Bazaar: S. 103 links. Sybille Haushofer, Steyr/Wien: 62, 66, 68, 72, 74, 76, 78, 80. Hipp-Foto, Berlin: S. 204, 206, 209, 212, 214, 218, 221, 222. Interfoto, München: S. 143, 146, 149, 152. Keystone Pressedienst, Hamburg: S. 92. Lehnert, Gertrud, Berlin: S. 103 rechts. Lutz Kleinhans, Frankfurt/M.: S. 91. Lipnitzy-Viollet, Paris: S. 160, 163. Magnum / Focus, Hamburg: S. 126, 132. Susanne Nadolny, Dortmund: S. 46, 51. Ohio State University Libraries: S. 33. Rue des Archives, Paris (Paul René Saint): S. 40. Garibaldi Schwarze, Rom: S. 96. Stiftung Deutsche Kinemathek, Berlin: S. 180. 182, 185, 186, 188, 193, 194, 196, 200. Süddeutscher Verlag, München: S. 151. Valtat/Sipa Press: S. 59. VG Bild-Kunst, Bonn: S. 100 (Man Ray), 102 (Willy Maywald). Vogue, Condé Nast Publications: S. 116 (Henry Clarke).

Trotz intensiver Recherchen war es uns nicht in allen Fällen möglich, die Rechteinhaber der Abbildungen ausfindig zu machen. Berechtigte Ansprüche werden selbstverständlich im Rahmen der üblichen Vereinbarungen abgegolten.

Die Autorinnen

Nathalie Hillmanns studierte Geschichte, Neue Deutsche Literatur und Politikwissenschaft. Von 1997-2003 arbeitete sie als Journalistin für verschiedene Zeitschriften und veröffentliche u.a. in der Reihe »Gegenspielerinnen« im Fischer Taschenbuch Verlag *Simone de Beauvoir/Brigitte Bardot* (2000). Nathalie Hillmanns lebt in Berlin und ist heute Redaktionsleiterin der Internetseite www.Bundestag.de.

Unda Hörner, die nach ihrem Studium der Germanistik und Romanistik über Elsa Triolet promoviert hat, lebt in Berlin und ist Autorin mehrerer Biografien und Erzählungen, u.a. *Nancy Cunard. Enfant terrible der Pariser Bohème* (2002), *Auf nach Hiddensee* (2003), *Unter Nachbarn* (2000).

Gertrud Lehnert ist Professorin für Allgemeine und Vergleichende Literaturwissenschaft am Institut für Künste und Medien der Universität Potsdam.
Ihre Arbeitsschwerpunkte der letzten Jahre liegen in den Bereichen Visualisierung, Gender Studies, Modegeschichte und -theorie, Psychoanalyse und Wissenschaftsgeschichte.
Sie veröffentlichte u.a. *Wir werden immer schöner. Lesbische Inszenierungen* (2002), *Schnellkurs Mode* (1998) und *Frauen, die man kennen muß* (2006)

Susanne Nadolny studierte Romanistik und Germanistik und lebt als Übersetzerin und freie Autorin in Dortmund. Sie hat an Harenbergs *Buch der 1000 Frauen* mitgearbeitet und schreibt schwerpunktmäßig Biografien über Schriftstellerinnen, u.a. über *Elsa Triolet* (1999) und *Claire Goll* (2002).

Jutta Rosenkranz studierte Germanistik und Romanistik und lebt als freie Schriftstellerin in Berlin. Sie veröffentlichte zwei Gedichtbände, mehrere Lyrik-Anthologien und zahlreiche Beiträge für Hörfunk und Print-Medien. Ihr Arbeitsschwerpunkt sind internationale Autorinnen des 19. und 20. Jahrhunderts.

Barbara Sichtermann, Soziologin und Publizistin, veröffentlicht seit 1978 zu den Themen: Frauenpolitik, Leben mit Kindern, Geschlechterbeziehung, Literatur, Medien, u.a. *Leben mit einem Neugeborenen* (1981), *Weiblichkeit. Zur Politik des Privaten* (1983) und *Fünfzig Klassiker: Frauen* (2001). Seit 1990 ist sie Mitglied der Adolf-Grimme-Preis-Jury.

Corinna Weidner hat Kunstgeschichte, Theologie und Ethnologie studiert. Sie lebt in Berlin und widmet sich privat bevorzugt ihrer Modesammlung und der Binnenschifffahrt. Beruflich arbeitet sie als freie Journalistin und publiziert regelmäßig zu ihren Schwerpunktthemen Fotografie, Film, zeitgenössische Kunst und Frauen in der Popmusik. Ende 2005 erschien ihr Buch *Hildegard Knef. Fotografien von Rico Puhlmann*.

Gunna Wendt studierte Soziologie und Psychologie. Sie lebt seit 1981 als freie Autorin und Ausstellungsmacherin in München. Neben ihren Arbeiten für Theater und Rundfunk veröffentlichte sie Kurzgeschichten, Gedichte, Essays und Biografien, u.a. über Liesl Karlstadt, Clara Rilke-Westhoff und Paula Modersohn-Becker. 2006 kuratierte sie in München und Wien die Ausstellung »Maria Callas oder Die Kunst der Selbstinszenierung«, verfasste den gleichnamigen Ausstellungskatalog und veröffentlichte die Biografie *Meine Stimme verstörte die Leute. Diva assoluta Maria Callas,* Berlin 2006.

Lassen Sie sich in die Metropolen
der 20er und 30er Jahre entführen, als die Männer
über die Moderne schrieben – und
die Frauen sie lebten…

DIE WILDEN JAHRE IN BERLIN

EINE KLATSCH- UND KULTURGESCHICHTE DER FRAUEN

BIRGIT HAUSTEDT

ISBN 3-934703-59-X

GELEBTE SEHNSUCHT

Eine Hommage an Grenzgängerinnen der Moderne

ISBN 3-938740-01-9

Lothar Fischer

ANITA BERBER
Göttin der Nacht

ISBN 3-938740-23-X

Die faszinierende Kulturgeschichte
der Frauen in den 20er und 30er Jahren
mit vielen herrlichen Fotos

edition
ebersbach

Horstweg 34
D - 14059 Berlin
www.edition-ebersbach.de